Alfonso Reyes

"El amor de Reyes al lenguaje, a sus problemas
y sus misterios, es algo más que un ejemplo:
es un milagro."

*"The love of Reyes for language, for its problems
and mysteries, is something more than an example:
it is a miracle."*

Octavio Paz

"El mejor prosista del idioma español del siglo XX"

*"The best prose writer of the Spanish language
in the twentieth century."*

Jorge Luis Borges

MIRACLE OF MEXICO

—POEMS—

Milagro de México
—Poemas—

For Lucy and Tic
with very best wishes

Alfonso Reyes

translated from Spanish by
Timothy Adès

Tim

Shearsman Books

First published in the United Kingdom in 2019 by
Shearsman Books
50 Westons Hill Drive
Emersons Green
BRISTOL
BS16 7DF

www.shearsman.com

ISBN 978-1-84861-688-2

ACKNOWLEDGEMENTS
Thanks are due to the editors of these magazines who published these poems:
'Homer in Cuernavaca' was published in *Translation and Literature*, and won the
Times Literary Supplement Premio Valle-Inclán award, 2001. Three of the poems
also appeared in *Update Mexico*, and two in *Classical Association News*.
'Face and Cross of the Cactus': published in *Outposts*, 1993
'Outline of Mexico', 'Silence': published in *Acumen* 52, 2005
'Farewell to Enrique González Martínez': published in *Agenda*, 2011
'Ballad of the Dead Friends': published in *Agenda*, 2011
'+ 9 February 1913': published in *Agenda*, 2012
'Gloss of My Own Country': published by *Agenda*, 2012, online
Romances of Rio de Janeiro: published in *Long Poem Magazine*, 2012.
'Summit', 'Level Crossing', 'Heavenly Adelaida!' in *Acumen* 85, 2016
'Acrostic 21' in *Acumen* 85, 2016 and in *Poetry (Book Fair) Almanac* 2016.

In 'Minuta', the fine translation of one stanza of Góngora is by John Dent-Young,
by kind permission. It is from 'The Fable of Polyphemus and Galatea,' from
Selected Poems of Luis de Góngora: A Bilingual Edition. (Chicago: University of
Chicago Press, 2007). The words on the back cover by Octavio Paz are from
a letter to Guillermo Ibarra, dated 15 August 1949.

Contents

Assorted Poems / Poemas Varios

Courtesy / Cortesía

Social Verses / Versos Sociales

Brief Notes / Minuta

Romances of Rio de Janeiro / Romances del Río de Enero

Introduction

Alfonso Reyes, 1889-1959, was the leading Mexican writer of his time: his successor Octavio Paz (like him, an Ambassador) described him as "a group of writers". Enormously prolific, he was a master of the essay, that "most Latin-American of art forms" and an outstanding critic. He knew Hispanic and classical literature, and translated Homer, Sterne, Chesterton, Stevenson, Shaw, and Chekhov. In turn, Samuel Beckett translated some of his poems into English; some of his essays, too, can be read in English.

Alfonso's father, General Bernardo Reyes, was Interior Minister to the Dictator, Porfirio Díaz. In 1913 the Revolution came, and the General was pitched into prison: then released. Wrongly supposing he was to take power, he marched his troops into the Zócalo, the great main square of Mexico City, and advanced on the Presidential Palace, only to be shot dead from the windows.

This did not prevent young Alfonso from leading and inspiring the writers of his newly progressive country. In 1909, along with Vasconcelos, Henríquez Ureña, Caso and others, Reyes had founded the Ateneo de la Juventud, in Mexico. He spent a formative decade in Madrid and was Secretary of the Ateneo there, a prestigious writers' organisation; much later in Mexico he founded the Colegio de México and the Colegio Nacional.

He served as Ambassador in Brazil and Argentina; earlier, he led the Mexican Mission in France.

Reyes saw writing as "the richest means of expressing human feeling". "Double redemption by the word: first through the concord of bloods; second through the shaping of the personality, in its relation to others as well as in its inner growth." His poetry was varied, always skilful and urbane, and was far outweighed by his huge output of prose.

As a poet, Reyes "strayed from subject to subject and mood to mood, combining great learning with a certain naive charm and sampling all the literary styles available to him". He could show extraordinary ingenuity in miniature versification, or he could write sonnets, ballads, lyric poetry or free verse. His theme might be abstruse philosophy or low comedy, a close friend or one of his enormous literary circle. Two of his longer compositions are on classical themes, and he translated much of the *Iliad* into rhymed verse. Torres Rioseco said: "The poet who wrote these beautiful pages wanted to create a Hellenic society for the man of Mexico."

The present selection aims to convey his amazing, half-forgotten skill and some of the flavour and astonishing variety of his formal verse. Two sequences have been put at the beginning and the end: those of ancient Greece and recent Brazil. The exquisite sequence of banqueting poems is in the penultimate place. All three sequences were written quite late in Reyes' life; otherwise the order is mostly chronological. For once, the translations appear on the left-hand page, the originals on the right.

My thanks are due to Doctora Alicia Reyes for her encouragement over many years.

Timothy Adès
London, 2019

HOMER IN CUERNAVACA

'This entertainment in several voices – prosaic, burlesque, sentimental –, this diversion on the margin of the *Iliad* is dedicated to the memory of the scholar, good priest and unforgettable friend Gabriel Méndez Plancarte, the pride and ornament of our literature, recently taken from us in full flow.

'The fifteen sonnets written between September and November 1948, and generously collected by the periodical *Ábside*, appear today much altered. While I was revising them recently (April and May 1951) the other fifteen came to my mind. To explain what has determined the order of presentation would take too long: let me admit, more simply, that it is arbitrary.'

Mexico, May 17, 1951.   A.R.

Je veux lire en trois jours l'Iliade d'Homère
—Ronsard

HOMER EN CUERNAVACA

'Este recreo en varias voces – prosaico, burlesco y sentimental –, ocio o entretenimiento al margen de la *Ilíada*, se dedica a la buena memoria del sabio, inolvidable amigo y probo sacerdote Gabriel Méndez Plancarte, honra y luto de nuestras letras, desaparecido ha poco en plena labor.

'Los quince sonetos escritos entre septiembre y noviembre de 1948, y generosamente acogidos por la revista *Ábside*, aparecen hoy muy retocados. Al corregirlos recientemente (abril y mayo de 1951), se me fueron ocurriendo los otros quince. El orden en que los presento obedece a consideraciones muy largas de explicar y hallo más fácil admitir que es caprichoso.'

México, 17 de mayo de 1951.   A.R.

Je veux lire en trois jours l'Iliade d'Homère
—Ronsard

To Cuernavaca!

(1)

To Cuernavaca, sweet retreat!
I go there if my spirits fail,
or if I choose to break the thread
and give some respite to my tale.

To Cuernavaca, to enjoy
its breezes, momentarily:
pause of release and liberty
at the brief distance of a sigh.

Not Town or Country, dale or crest:
quiet, frugal company, or blest
tranquillity and soothing rest.

The mode of being's philosophic,
Warm bower, contemplative hammock:
Cuauhnáhuac! Going to Cuauhnáhuac!

(2)

Is it like breathing, inwardly?
Can peace be willed to come to me?
And is it fact or fantasy:
why do I wonder, crazily?

Enough to know, my sweet retreat,
your airs will cool my temples' heat:
pause of release and liberty
at the brief distance of a sigh.

The soul is cleansed by light and calm
like cordial wine. The magpie's ditty
trills, and the laurel-bushes hum

with birds; a star is standing proud;
time stands suspended, stopped; a cloud
flies by. Cuauhnáhuac! Cowhorn City!

¡A Cuernavaca!

(1)

A Cuernavaca voy, dulce retiro,
cuando, por veleidad o desaliento,
cedo al afán de interrumpir el cuento
y dar a mi relato algún respiro.

A Cuernavaca voy, que sólo aspiro
a disfrutar sus auras un momento:
pausa de libertad y esparcimiento
a la breve distancia de un suspiro.

Ni campo ni ciudad, cima ni hondura;
beata soledad, quietud que aplaca
o mansa compañía sin hartura.

Tibieza vegetal donde se hamaca
el ser en filosófica mesura…
¡A Cuernavaca voy, a Cuernavaca!

(2)

No sé si con mi ánimo lo inspiro
o si el reposo se me da de intento.
Sea realidad o fingimiento,
¿ a qué me lo pregunto, a qué deliro?

Básteme ya saber, dulce retiro,
que solazas mis sienes con tu aliento:
pausa de libertad y esparcimiento
a la breve distancia de un suspiro.

El sosiego y la luz el alma apura
como vino cordial; trina la urraca
y el laurel de los pájaros murmura;

vuela una nube; un astro se destaca,
y el tiempo mismo se suspende y dura…
¡A Cuernavaca voy, a Cuernavaca!

Homer

I face the high volcanoes and I seek
(ignorance and ambition neck and neck)
to study Homer's pages, read him right:
he keeps me company for my delight.

I try, I lose my nerve, I persevere,
I stumble over there, recover here.
Another Etna, good and hot, I scale,
another peak, another pinnacle.

Suddenly heaven darkens, and the poles
are shaken. Floods and torrents are unchained.
September roars, the clouds are multiplied;

and, every time the distant thunder rolls,
the lightning flashes with Achilles' pride,
and Helen's voice is groaning on the wind.

Iliad Gallop

Thessaly, Pylos, Elis; Crete, Sparta, Sicyon,
renowned for mares and stallions, long famed for valiant breeds,
called forth the poet's thunder to match their darting steeds,
pounding the plains of windy Ilion.

Some beasts the gods created, or fathered secretly;
so to Achilles' horses, the great Olympian brood,
The Zephyr and the Harpy bequeathed their restless blood,
gave joy of speech and reason, fleetingly.

The high immortals, riding between the earth and sky,
shake bridles chased with ivory and filigreed with gold.
Gods, demons, powers, human kind, and animals go by

and clouds and waves and stones and trees, and swords and arrows cold,
spears, chariots and harnesses, and burnished armoury:
all ride the rippling syllables, the vast primeval sea.

Homero

De cara a los volcanes, hoy prefiero,
pues la ambición y la ignorancia igualo,
deletrear las páginas de Homero,.
que me acompaña para mi regalo.

Ensayo, me intimido, persevero,
aquí tropiezo y más allá resbalo:
otro volcán viviente y verdadero,
otro fastigio y otra cumbre escalo.

Pronto el cielo se opaca y estremece,
y el aguacero se desencadena.
Septiembre ruge, la nubada crece,

y cada vez que el horizonte truena,
la soberbia de Aquiles resplandece
y el viento gime con la voz de Helena.

Galope de La Ilíada

Tesalia, Pilos, Élide, Sición, Laconia, Creta
– yeguadas conocidas de larga tradición –
sus ágiles corceles brindaron al poeta
para atronar los llanos de la ventosa Ilión.

Hay brutos de crianza divina o de secreta
generación olímpica, y a los del Pelión
el Céfiro y la Arpía dieron su sangre inquieta
y gozan un instante de habla y de razón.

Entre el cielo y la tierra cruzan los Inmortales,
las bridas sacudiendo de oro y marfil trenzadas.
Dioses, demonios, númenes, humanos y animales;

nubes, olas y piedras y árboles; y espadas,
picas, flechas y carros, arneses y metales
cabalgan un océano de sílabas rizadas.

Spontaneous Truce

Unusual stillness in the land of Troy.
Achilles at his tent forgets his passions:
his harp shivers with songs: Patroclus listens.
A breath of peace is warfare's lullaby.

Across the void the breakers' rhythm spills;
down by the ships, there's sport for Myrmidons,
discus and javelin; the stallions
eat clover and marsh-parsley from the hills.

The black flotillas lie drawn up in silence.
Round and about, a few camp-fires are smoking;
the distant walls, just visible, are Ilion's.

Sandals slip off the feet of Agamemnon;
Odysseus checks his hulls that need no caulking,
the only ones with prows of bright vermilion.

The Exegetes (1)

The subtle Alexandrine who
cut Homer like a saint in two
was innocence itself, if you
think what our modern hotheads do.

If Xanthus in his bed receives
a stream, and ruckles up his sleeves,
does Xanthus spoil his unity,
or spike his crystal purity?

Slowly the dross turned into gold:
slowly the fluid mass grew cold,
set perfect in its final mould.

Seeds ripen best in shy repose.
The poem's not the stumbling prose,
nor is the hidden root the rose.

Tregua espontánea

¡Insólita quietud en la troyana tierra!
Bajo su toldo, Aquiles olvida sus pasiones;
se oye temblar la lira, se escuchan sus canciones;
y un hálito de paz adormece la guerra.

El tumbo de las olas por el espacio yerra.
Con discos y venablos juegan los mirmidones
en los embarcaderos; y pacen los bridones
loto y palustre apio traídos de la sierra.

Yacen las negras flotas en muda formación.
De una y otra hoguera suben las humaradas,
y lejos se divisan las murallas de Ilión.

Desata sus sandalias ocioso Agamemnón,
y revista Odiseo sus naves embreadas,
únicas que lucían proas de bermellón.

Los exégetas (1)

No juzguéis que el arguto alejandrino,
partiendo en dos a Homero, como al santo,
fue tan impío ni ha pecado tanto
como peca el moderno desatino.

Que el Janto absorba y beba en su camino
tal afluente, y se revuelva el manto,
¿en qué perturba la unidad del Janto,
en qué lo deja a menos cristalino?

Ha muchos siglos maduró la yema,
enfriada la masa temblorosa
hasta cuajar en su virtud extrema.

Duerma el embrión su vida penumbrosa:
no importa el balbuceo, sí el poema;
no la oculta raíz, sino la rosa.

The Exegetes (2)

The Iliad symbolises (so says Monsieur Mireaux)
the slaying of the leader, a rite which long ago
was ruthlessly enacted, until it petered out
in flinging down a Jonah, or kicking him about.

Wasn't it for Achilles Patroclus had to die?
That would explain the causes, reveal the reason why!
And here's my contribution: Thersites had to be
the scapegoat of the army, as anyone can see.

'Enough, boy! What's affected is bad'; and such pretence
will rightly be rejected by anyone with sense.
The woeful knight Don Quixote has equally been wronged

by squadrons of researchers invading every part,
and I'll admit this sonnet was born because I longed
to topple a colossus by stabbing at its heart.

Historical Materialism

Tin: up the Black Sea, or in Asia;
possibly westward. One thing's sure:
the local tribes who plump for war
invariably come off worse.

We don't want Helen or the Fleece:
We've lost the knack we had before,
not rogues or pirates any more.
The rapine fizzled into verse.

Our four stopovers: Troy, Phaeacia –
two ports-of-call that levy tax;
Thrace to work, Egypt to relax.

There's one more path, that brings release
from scrimping and cupidity:
the sky-steep path of poetry.

Los exégetas (2)

De modo que la *Ilíada,* según Monsieur Mireaux,
es la occisión del amo, que en otro tiempo fue
un rito riguroso, y al cabo se atenuó
en despeñar a un *fármakos* o darle un puntapié.

¿Acaso, en vez de Aquiles, Patroclo no murió?
¡Pues ya están explicados la causa y el porqué!
y añado por mi cuenta: Tersites padeció
a nombre de la tropa, según claro se ve.

"…Muchacho, no te encumbres, que toda afectación
es mala", y el sensato la juzga con desdén.
También a Don Quijote le han hecho sinrazón

buscándole mil trazas, y yo puedo también
probar que este soneto nace de la intención
de abatir a un coloso hiriéndolo en la sien.

Materialismo histórico

Si al Occidente se buscó el estaño
o bien por Anatolia y el Euxino,
las tribus espaderas del camino
tienen por fuerza que buscarse daño.

¿Hoy el pirata, y el bribón antaño?
¿Helena hoy, si ayer el Vellocino?
¡Ladronerías que, olvidado el tino,
dan en poemas como por engaño!

Cuatro términos hay: Ilión y Esqueria
aduanas son de la explorada vía;
mercado es Tracia, y el Egipto es feria.

Mas queda otro sendero todavía
que purga la codicia y la miseria:
la ruta vertical, la poesía.

Trojan Genealogy

Zeus begat Dardanus out of a Pleiad. He's
god-fathered, star-mothered Hero Eponymous.
Next Erichthonius inherited Troy, a dis-
creet distance off from his Athens homonymus.

Tros, before Ilus, a King and a lawyer, dis-
pensed honest rule in his broad, yet anonymous,
Troad. The Iliad's vast epopoiia des-
cribes Troy, or 'Ilium': these are synonymous.

Ilus's grandson, King Priam the glorious,
sired fifty princes: not primly uxorious!
One, though, was Paris, the vain Alexander, a

rotten, unscrupulous heel and philanderer…
Stop, superfeminines! Done my full complement…
sated and somnolent, sheathe my small implement.

Interlude: To a Nubile Aphrodite

Gold Aphrodite, born again
to discompose the hearts of men,
surging to life amid suspicions
(goddess who knows!) and superstitions;

who counters each ill-judged *tendresse*
with calm reserve, and who can play
with the mock-childish artlessness
that frightens crude buffoons away:

My claim to gallantry is spent;
I've started on the steep descent.
Grant me the old campaigner's prize

from which the tyro's rightly banned,
and let me take you by the hand
while I caress you with my eyes.

Genealogías troyanas

Zeus lo engendró, lo hubo alguna de las Pléyades:
tal es la dignidad de Dárdano el epónimo.
Su vástago, Erictonio, en Dardania fue rey – a – despecho de quien lo toma por su ateniense homónimo.

Su hijo Tros, el padre de Ilo, impuso ley – a – des
perdigadas comarcas de aquel lugar anónimo;
y de Tros y de no heredó la epopeya – des –
pués los nombres de "iliano" y "troyano" el sinónimo.

Ilo tuvo, entre otros, un nieto ilustre: Príamo,
viejo rey de la *Ilíada,* decente aunque polígamo.
Crió cincuenta príncipes; mas Paris, mala pécora,

le salió mujeriego y vano y sin escrúpulo…
– Puedo seguir; no sigo: me canso del esdrújulo
y, cerrando los párpados, dejo caer la péñola.

Entreacto: A una Afrodita núbil

Afrodita de oro, renacida
para desazonar los corazones,
diosa precoz que brotas a la vida
entre sospechas y adivinaciones;

que a toda garatusa desmedida
el gesto huraño y la reserva opones,
y niñeando y como distraída
sabes amedrentar a los fisgones:

A quien ya no presume de galano
y empieza a descender el precipicio,
otórgale la prez del veterano

que con razón rehusas al novicio:
déjame que te tome de la mano
mientras con la mirada te acaricio.

On Agamemnon

What is the good of you, dear Argive king,
to Greece, if you are obstinate and silly?
Don't tell me you're concerned with just one thing,
the question of Achilles' former filly.

To tell the truth, your dealing with Ulysses –
men of the world, who give and take – is worse:
again you're unimpressive, sure as this is
Cuauhnáhuac, where I'm reading Homer's verse.

Achilles lost his wits, the unrivalled master,
to recompense you for the fair Chryseis.
You had to have it so, because you lost her.

It all works out much bigger than Briseis:
for, plunging from disaster to disaster,
Ilias takes shape – and, after that, *Aeneis!*

Menelaus and the Ghost

How crass of Menelaus to go where Priam ruled,
involving all those cities in scandal not their own,
if Helen was in Egypt (and waiting) and it's known
Stesichorus had insight, and Homer, he was fooled!

Best to suspend our verdict: we need to wait and see,
to clarify the charges, before we judge the case:
for history's not wedded to unity of place;
truth sometimes grants approval to yawns of irony.

Wouldn't they be real laurels, the wreaths those victors wore?
Is Helen just an echo, is Helen just a cry?
Fooled by a tailor's dummy, the armies went to war

and fought around Aeneas, his wraith, his effigy.
Might *you* fall in, dear reader, perceptive as you are,
behind a mere delusion, a piece of trickery?

De Agamemnón

¿Quieres decirme, Agamemnón, qué saca
de tanta terquedad el mundo aqueo?
Pues a mí no me cuentes que es la jaca
de Aquiles Pelión tu solo empleo.

Pero es verdad que si, en el toma y daca,
te desquitas más bien con Odiseo
– "hombre de mundo" –, a esta hora yo no leo
las páginas de Homero en Cuernavaca.

Tú te empeñaste en exigir por eso
que, para compensarte de Criseida,
el intocable Aquiles pierda el seso.

Porque al fin lo de menos es Briseida,
con tal que, de un exceso en otro exceso,
la *Ilíada* se fragüe – ¡y aun la *Eneida!*

Menelao y la sombra

¡Qué torpe Menelao cuando hasta Ilión venía,
mezclando a tantos pueblos en una culpa ajena,
si es cierto que en Egipto lo esperaba su Helena,
si Estesícoro acierta, si Homero desvaría!

Suspéndase el dictamen; importa todavía
esclarecer los cargos antes de la condena:
a veces una historia se traslada de escena,
y la verdad consiente bostezos de ironía.

¿Es una sombra el lauro de tamañas peleas?
¿Helena es sólo un grito, Helena es sólo un eco?
Pues, en torno al presunto simulacro de Eneas,

¿no combaten las huestes, ludibrios de un muñeco?
Y tú, lector, ¿no acudes, por muy sutil que seas,
en pos de una esperanza o de un embeleco?

Hera Speaks

Athena! Run! They're on their way!
The Greeks are pulling out today!
Athena! Run! That Agamemnon t-
ripped up the poem! The end is imminent!

That Agamemnon! So astute!
Abusive, then irresolute!
Just look! He's made them homesick. That'll
hardly propel them into battle!

This Book Two with no exit door
threatens to clear the theatre floor.
Homer is sweating. Help the poor

man, by Zeus' beard, which I adore!
Shake up Odysseus, darling, or
we'll never reach Book Twenty-four!

Paris

Lounge-lizard Paris, coddled in your cloud,
the one the goddess makes you vanish in:
I hope it turns out like a sopping sponge,
a sponge that leaves you soaked through to the skin.

Clutching two spears, you burst in through the throng;
your size increases as you near the fight.
You take up all the field! ... It would be wrong
to say the man who meets you dies of fright.

Light-opera warrior! Chancer! See your stuff,
your blob of allegory, shrivelling,
when you are spotted by the Spartan king.

Many there are like you of wondrous powers
at the ablutions and the perfumed hours,
who in the fight are wind and mist and puff.

Dice Hera:

– ¡Corre, Atenea, que se va la gente!
¡Que se nos quiere ir la gente aquea!
¡Cosas de Agamemnón! ¡Corre, Atenea,
que se acaba el poema de repente!

¡Cosas de Agamemnón el imprudente,
que se desboca y luego titubea!
¡Mira tú que incitar a la pelea
haciendo lamentar la patria ausente!

Este Segundo Canto sin salida
amenaza dejar solo al teatro.
Homero suda. ¡Ayúdalo, querida,

por las barbas del Zeus que idolatro!
¡Díle a Odiseo que, si no se cuida,
no llegamos al Canto Veinticuatro!

París

París gandul: la nube que te arropa,
si la diosa te nos escamotea,
me alegraré que como esponja sea
y que te haya dejado hecho una sopa.

Irrumpes con dos lanzas por la tropa,
creces al acercarte a la pelea,
ya llenas todo el campo… Y no se crea
que llenas de pavor a quien te topa.

Guerrero de opereta y de chiripa,
tu alegórico bulto se disipa
en cuanto te columbra Menelao.

Muchos hay como tú que obran portentos
a la hora del baño y los ungüentos,
y al combatir son aire y humo y vaho.

On Helen

– Helen, I love you and am blind,
I dare confess unblushingly.
In each new face it's you I find,
unjustified as that may be.

Did Leda lay an egg? I crow
over poor fools who toil to know:
for good or ill I slake my thirst
in the present, never in the past.

Love has his most triumphant day
gathering rosebuds while he may;
and Troy can burn. ¡No lo deploro!

– Thus bragged a learned ass, who shattered
his whole neat thesis, when he uttered
a bray that turned to tears of sorrow.

Paris – Alexander
Before Helen

Helen who doted so devoted,
suddenly stern and stony-hearted,
winner, take all: I humbly kneel:
you have kind hands to clinch the deal.

Please cherish, keep alive for me
the torch we've had since Cranaë.
That's where the Cyprus goddess gave
you up, princess, to be my slave.

Remember how we loved. No frowns:
Don't listen to the snide put-downs.
Whisper "I love you" – please, once more!

(As he held Helen, Alexander
looked in her eyes. He saw Scamander
flaring with fire and red with gore.)

De Helena

– Helena: soy tu ciego enamorado
y a confesarlo sin rubor me atrevo,
pues te descubro en cada rostro nuevo,
a poco que merezca mi cuidado.

Me río yo del pobre porfíado
que investiga si Leda puso un huevo:
yo, para bien o mal, mi sed abrevo
en el presente y nunca en el pasado.

El amor no conoce más victoria
que disfrutar la dicha transitoria,
¡y arda Troya después, no lo deploro!

– Tal presumía un escolar jumento
y, dislocando todo su argumento,
soltó un rebuzno que paró en un lloro.

París – Alejandro
Ante Helena

– Helena: que hoy te muestras tan esquiva
y que solías serme tan devota:
acepto humildemente la derrota
a trueque de tu mano compasiva…

Quiero que guardes y alimentes viva
la luz de aquella Cránae remota
donde, por gracia de la Chiprïota,
siendo mi reina fuiste mi cautiva…

Recuerda nuestro amor; el ceño deja,
desoye la malicia y la conseja,
y a media voz repite que me amas…

(Y al abrazarla, vislumbró Alejandro
en los ojos de Helena, el Escamandro
rojo de sangre y encendido en llamas.)

Lament of Briseis

Briseis mourns: 'Patroclus – dead!
Succumbed, untimely snatched away.
Then I am like a bird unfed,
Chariot unreined, mast with no stay.

In all the maul and ballyhoo
you were my refuge and my stay.
Who cared about this wretch but you,
wretch who must live as best she may?

I still am his. I trusted you:
I am a waif the waves suck back.
Instead of ten years' strife, you knew

the best he could have done for me:
Achilles could have decently
made me his wife in Cuernavack.'

Hera

Profound iniquity within which all things rest,
spirit of the age, stormy queen of the sky,
raging, inexorable, like a whirlwind, vast,
less devoted to Zeus than loyal to destiny;

sometimes fretful, the wronged wife when his trysts provoke her,
and cunning against the divine male in the tricks she plays;
no typical goddess, for nobody can invoke her
like a deity met with daily at the corner of the ways.

On the lips of Hera, we are told, there is laughter,
but not in her eyes,* and the learned firmly assert
that laughter is the true special greeting of the heart.

Perhaps, perhaps (for who knows the secrets of this goddess,
goddess ancient of days, who emerged out of the shadows!)
she tempers our frail minds to the Mind that is now and hereafter.

*_Iliad_ xv. 101.

Llanto de Briseida

Dice Briseida más o menos: – ¡Ay
Patroclo que a deshora sucumbiste!
Soy sin ti como ave sin alpiste,
carro sin rienda, mástil sin estay.

En tanta confusión y guirigay,
tú mi refugio y mi sustento fuiste,
y el único en dolerte de la triste
que tiene que vivir de lo que hay.

Mi dueño el otro, tú mi confidente,
comprendías que soy viuda en resaca
y que, para mi bien, más conveniente

que mover tanto ruido y alharaca
es que Aquiles hiciera lo decente,
casándose conmigo en Cuernavaca.

Hera

Iniquidad profunda en que todo reposa,
espíritu del tiempo, reina del torbellino,
sañuda, inexorable, inmensa y procelosa,
menos adicta al Crónida que fiel al destino;

a veces, irritable como engañada esposa
y artera en sus astucias contra el varón divino,
nadie puede implorarla como a cualquiera diosa
que diariamente hallamos a vuelta del camino.

De Hera se nos dice que ríe con los labios,
pero no con los ojos,* y aseguran los sabios
que la risa es la propia salud del corazón.

¡Quién sabe los secretos de esta deidad vetusta
que vino de las sombras y que tal vez ajusta
nuestras razones frágiles a la eterna razón!

*Ilíada xv. 101.

Hector

Hector's no giant. He's interesting,
he draws us in, he mesmerises:
his proud exterior disguises
a selflessness that's almost Christian.

He puts down Ajax, not by force,
but by fair words. His triumph's false,
vainglorious, when Patroclus falls:
not Hector, but Apollo scores.

Sarpedon, Glaucus, both command
better; Achilles' upper hand
is cruel: such was bronze-age Greece.

But sing this to the nations, Muse:
weighed against Hector's manliness,
censure is ignorant abuse.

End of the Iliad

Achilles, disillusioned, to death alone aspires.
His mother waits in anguish to see the fateful day
when she must take his body and yield it to the fires.
The wife, the son, the father: poor sheep that went astray.

There's no-one left to share in his pain and fierce reproof.
His darling slave is mourning, she mourns her private loss;
Atrides is deceitful, and Ajax holds aloof,
and Diomede's ambition is ill-concealed and crass.

Last of the ancient heroes, the bravest of the brave,
there lies two-edged upon him the rapture of revenge;
only the tomb can honour, can grant him worthiness.

Already glory beckons, with open arms attends:
the one desire that tempers, like sunlight on the grave,
his icy dereliction, his stubborn loneliness.

Héctor

Bizarro es Héctor, aunque no gigante,
pero nos embelesa y nos imana,
pues, bajo la altivez de su semblante,
su abnegación es casi cristïana.

No supera en la lid al rudo Ayante,
si lo derrota en pulidez urbana;
no triunfa de Patroclo, que el triunfante
ha sido Apolo, y sin razón se ufana.

En Glauco, en Sarpedón, mejor se aprecia
al capitán, y lo aventaja Aquiles,
sólo cruel por serlo entonces Grecia.

Mas canta, diosa, y a los pueblos díles
que contra Héctor la censura es necia
medida con sus prendas varoniles.

Al acabar la Ilíada

Desengañado Aquiles, sólo a la muerte aspira.
Su madre acecha, atónita, la hora malhadada
en que habrá de ceder sus restos a la pira;
padre, hijo y esposa son grey abandonada.

No queda quien comparta su duelo ni su ira:
su dulce sierva llora, mas llora al camarada;
Atrida es falso, esquivo Ayante, y mal velada
la sorda emulación que Diomedes transpira.

Último caballero de la virtud antigua,
le deja la venganza una embriaguez ambigua,
y sólo de la tumba espera la piedad.

Ya le acude la gloria con los brazos abiertos,
único amor que templa, como un sol de los muertos,
su frío desamparo, su arisca soledad.

A Metaphor

'The lily-voiced cicadas' is a saying found in Homer:
it gives the teacher problems, the translator melancholia.
The boldness of this lyrical and voluntary bloomer
has piled up quite a congeries of glosses and of scholia.

There's a tag of Apollonius that has the selfsame mettle,
and something in old Hesiod whose tang might correlate.
I don't believe that any turn of phrase can turn out better,
let each of us pass judgement as our conscience may dictate.

Didn't some daring modern type bring up the 'scarlet clamour
of trumpets'? Didn't someone else, with perfect sense and grammar,
go on about the black pounding rhythm of the drummer?

The transference of senses and the colours of the vowels –
excuse the hollow jargon if I talk of synaesthetics –
The Songs of Maldoror, the surreal, the super-real...

We're stirring up the hornets' nest! Their heart is hardly Dada's,
so let's say it loud and clear against the fretting of the critics:-
Bravissimo, Homer, for the lily-voiced cicadas!

Una metáfora

"Las cigarras de voz de lirio", dice Homero…
Le pesa al preceptista, le duele al traductor.
La audacia del poético y voluntario error
de escolios y de notas ha juntado un rimero.

Algo hay en Apolonio que es del mismo acero,
y algo en el viejo Hesíodo que tiene igual sabor.
No creo que se pueda decir nada mejor,
y juzgue cada uno lo que dicte su fuero.

¿Pues no ha osado un moderno hablarnos del clamor
rojo de los clarines, y no es valedero
si otro habla del negro redoble del tambor?

Transporte sensorial, Vocales de color,
Sinestesia – perdónese el terminajo huero –,
Suprarrealidad, *Cantos de Maldoror*…

¡Se asusta el avispero!
Mientras zozobra el crítico, digamos con valor:
– ¡Bravo por "las cigarras de voz de lirio", Homero!

Thersites *(and Alarcón)*

Thersites, yes, I knew him well,
like Alarcón an ugly sight,
although the latter could exploit
his hump and black unhappy bile.

Profane Thersites only won
himself the thrashing, widely known;
the comedies of Alarcón
all, like Odysseus' blows, strike home.

I found a key that actuates
his secret lock. He fluctuates
from coarse ¡AY! to refined ¡EHEU!

Pain hones his voice, accentuates.
This much, a trio insinuates:
Henríquez, Castro, and Abreu.

Reflexion of Nestor

I'm going to try to set this as a sonnet,
Despite suspecting I may do it harm.
I wonder if (not going public on it)
the thing will prove insipid or lukewarm.

I quote our good Don Juan de Alarcón,
who hid his pain, whose company we treasure
for his simplicity and sense of measure,
his due respect and personable tone:

"God doth not grant to one man every boon."
Eloquent Nestor, now, the veteran,
who is verbose, but always opportune,

regrets his age and his vicissitudes,
declaring, almost like the Mexican,
"The gods do not grant gifts in multitudes."*

Iliad iv. 320.

36

Tersites (y Alarcón)

Al buen Tersites yo lo conocía...
Como nuestro Alarcón era de feo,
salvo que éste supo dar empleo
a su corcova y su melancolía,

y el otro no, por esa lengua impía
que le ganó el famoso zarandeo:
¡como que hizo Alarcón lo que Odiseo,
en todas las comedias que escribía!

Yo quebranté una vez con mi ganzúa
el pecho de Alarcón. Su voz fluctúa
del AY grosero al refinado EHEU,

y en el dolor se templa y se acentúa.
Pedro Henríquez Ureña lo insinúa,
Castro Leal también, y Ermilo Abreu.

Reflexión de Néstor

Intentaré vestirlo en un soneto,
aunque sospecho que lo deterioro,
y me pregunto para mi coleto
si no resultará como incoloro:

Nuestro Alarcón, el sufridor discreto,
cuya frecuentación es un tesoro
por su trato sencillo y su decoro,
su tono conversable y su respeto,

piensa que "Dios no lo da todo a uno";
y he aquí que Néstor, elocuente anciano
– gárrulo, pero nunca inoportuno –,

sus años llora y sus vicisitudes,
y exclama, casi como el mexicano:
"Los dioses no dan juntas las virtudes." *

Ilíada iv. 320.

Moment of Glaucus and Diomede

One clear thought put into words
turned hate's fever, saved the day,
turned the dry-mouthed fight away
"as a fig turns milk to curds":*

words that by their alchemy
turned a foe into a friend;
words that floated on the wind,
witnessed by the Trojan sky.

We are insubstantial shade;
long before Manrique's day,
Diomede heard Glaucus say:

"We are grass for winnowing,
withered leaves the frond has laid
by at every turn of spring."†

*_Iliad_ v. 902-4; †_Iliad_ vi.146.

Instante de Glauco y Diomedes

Una palabra, un claro pensamiento
detuvo el mal, "como la miel del higo
cuaja la leche",* y arrastró consigo
la odiosa fiebre y el fragor sediento:

una palabra a cuyo encantamiento
se reconoce amigo el enemigo.
y era el cielo de Tróade testigo,
y la palabra se llevaba el viento.

Sombra somos delgada y desvaída;
muy antes que Manrique lo dijera,
lo dijo Glauco y lo escuchó el Tidida:

Que somos la verdura de la era,
marchitas hojas que la fronda olvida
a cada turno de la primavera. †

*_Ilíada_ v. 902-4; †_Ilíada_ vi. 146.

Philosophy of Helen

When I approach a spring in spate
where babbling rills and waters leap,
I hear no sage or fool cry 'Wait!'
or lay down rules that it must keep.

Perhaps we only live to see
the ebbing of intensity;
possibly, memory's diligence
is the most just of measurements.

The blood swirls down its murky trail:
only in memory it clears,
runs pure, decants its lymph, and heals.

The bitterness and toil and tears
can hardly serve, as Helen feels,
'to illustrate a future tale'.*

Truth of Achilles

Ask what I want most. I'll reply:
The answer changes every day,
the minute-hands, the hours that fly,
forever bearing it away.

Fickle? No, I seek harmony,
detachment, the totality,
to orient me constantly
to an uplifting symmetry.

But if you ask what most appals,
I'll tell you in a single phrase,
something the great Achilles says:

'to think one thing and say another':†
fearing the world, to all men false,
causing both art and life to wither.

*_Iliad_ vi. 357-8. †_Iliad_ ix. 312-3.

Filosofía de Helena

Cuando me orillo a contemplar la fuente
que salta entre parleros borbollones,
no entiendo al mago que gritó: "Detente!",
ni al loco que le dicta condiciones.

¿Si será que se vive solamente
para ver alejarse las pasiones,
y acaso la memoria diligente
es la más justa de las mediciones?

Corre la sangre su fangosa vena,
y sólo en el recuerdo se depura
y decanta su linfa y la serena.

Y el luto y el afán y la amargura
apenas sirven, como siente Helena,
"para ilustrar la fábula futura".*

La verdad de Aquiles

Si me preguntas lo que yo más quiero,
te diré que se muda con el día
y que lo va llevando el minutero
y el curso de las horas lo desvía.

No es inconstancia, no: la suma espero,
el desenvolvimiento y la armonía
que prestan intención al derrotero
en una espiritual geometría.

Mas si preguntas lo que yo aborrezco,
en una sola frase te lo ofrezco
que recogí en los labios del Pelida:

"pensar y hablar dos cosas diferentes",†
miedo del mundo, engaño de las gentes,
menoscabo del arte y de la vida.

*Ilíada vi. 357-8. Ilíada ix. 312-3.

Cassandra

From early years my reveries
conformed to Homer's images.
On my first venture, still a boy,
into the realm of poetry,

blurred and diaphanous, to me
at the last pulse of evening light
Cassandra came! Her robe was white,
splendid in its severity.

She gazed in silence, yet her face,
her fateful and unquiet eyes,
spoke piety and dread. I knelt.

What then? I'm not quite sure. I felt
her kiss me, and the singing breeze
rattled her arrows in their case.

On My Father

Caesar and Alexander and captains of that kind
were noted for their valour and, sometimes, for their prudence.
And I found in my father, like an ill-defined inheritance,
a free-ranging breath of that rushing mighty wind.

Once to Rodrigo de Bivar I gave a slave's devotion,
toiling to tumble into prose his verses and his essence.
The shade of my father like an ever-watchful presence
was El Cid in person, in every word and motion.

Voyaging through the Iliad, I see it there today.
Odysseus and Achilles, audacious and choleric:
my father takes them over, takes unopposed command.

Through him I lived with battle, the noise, the hand-to-hand;
to call up deeds of daring, I inwardly portray
the image of his courage that was warlike and heroic.

Casandra

En torno a las imágenes de Homero
siempre se conformó mi fantasía.
Era yo niño aún, era el primero
de mis arrojos en la poesía;

cuando, borrada y diáfana, al postrero
latido que la tarde difundía,
Casandra vino a mí. Blanco y severo
y rozagante manto la envolvía.

Miróme sin hablar; pero en sus ojos
de fatal inquietud, yo adivinaba
piedad y espanto. Yo caí de hinojos,

yo no sé más. Sentí que me besaba.
Cantó el viento – y sonaron los manojos
de flechas agitándose en su aljaba.

De mi padre

De Alejandro y de César y de otros capitanes
ilustres por las armas y, a veces, la prudencia,
yo encontraba en mi padre como una vaga herencia,
aliento desprendido de aquellos huracanes.

Un tiempo al Mío Cid consagré mis afanes
para volcar en prosa sus versos y su esencia:
la sombra de mi padre, rondadora presencia,
era Rodrigo en bulto, palabras y ademanes.

Navegando la *Ilíada,* hoy otra vez lo veo:
de cóleras y audacias – Aquiles y Odiseo –
imperativamente su forma se apodera.

Por él viví muy cerca del ruido del combate,
y, al evocar hazañas, es fuerza que retrate
mi mente las imágenes de su virtud guerrera.

On My Translation (1)

In war that Greeks and Trojans wage,
I see what isn't on the page:
I see beyond the wondrous verse,
beyond the slow lines I rehearse.

I crouch for the surprise attack,
I strike the hero's bloody blow;
I smell the reek of war, the sack
of towns, that dry words cannot know.

For good or ill (I can't explain),
I carry courage, death and pain,
passed down to me, within my brain.

Shouts, weeping, panic, victory,
I've had them very close to me:
emotion, more than history.

On My Translation (2)

I heard Andromache, bereaved of her husband, crying,
I heard the pleading of Hecuba in the tower,
I saw old Priam, in the night and trembling,
crossing the camp-ground to his dead son, running.

Weeping the tears of others would be a pointless labour,
with sorrows enough of our own to spare us that deceit:
and I make the story mine without fear of my daring,
that it may live inside me, never to be erased.

At centuries of distance, the blood is still the same,
and anguish is equal, and happiness is equal.
O country that gave me my precept with my cradle:

to your welcoming lap, as a pledge of my consent,
I entrust the fortune of my patient verses,
for I find they gather up your accents and your sorrows.

Be silent, tongue; there's no more can be told. – Ovid, *Ep.* 2. 61.

De mi paráfrasis (1)

No está en las letras cuanto yo adivino
del duelo del troyano y del aqueo,
ni sólo en el poema peregrino,
ni en lo que cautamente escribo y leo.

A sobresaltos de la sangre, atino
con el oculto parangón, y husmeo,
no las palabras disecadas, sino
el tufo de la guerra y del saqueo.

Por gracia o maldición – otro lo acierte –,
un patrimonio traigo en la memoria
de valentía y de dolor y muerte.

Gritos y llantos, pánico y victoria,
todo lo tuve junto a mí, de suerte
que todo es sentimiento más que historia.

De mi paráfrasis (2)

Oí clamar a Andrómaca privada del esposo,
oí la imploración de Hécuba en la torre,
y he visto al viejo Príamo, nocturno y tembloroso,
que cruza el campamento y al hijo muerto acorre.

Llorar ajenas lágrimas fuera un afán ocioso
si abunda el propio llanto que tal engaño ahorre,
y el relato hago mío sin miedo a lo que oso
para que viva en mí y nunca se me borre.

A siglos de distancia la sangre es siempre una,
e igual es la congoja e igual es el contento.
Oh tierra que me diste la norma con la cuna:

A tu regazo – prenda de mi consentimiento –
de mis pacientes números confío la fortuna,
pues hallo que recogen tus quejas y tu acento.

Lingua, sile; non est ultra narrabile quidquam. – Ovid, *Ep.* 2. 61.

ASSORTED POEMS

POEMAS VARIOS

To a Bucolic Poet

You fled from Court to live unknown,
quit plots and ploys and false alarm:
so, learned husbandman, remain
close to your crops, your flocks, your farm.

Do not neglect your rustic tasks:
keep to your plain path, mindful how
Anacreon attends your vines
and Virgil helps to speed your plough.

Be diligent, do not complain.
Cut back Apollo's laurel; train
Bacchus's cluster; work alone...

Enjoy your passing years, and drain
your palate's pleasure, well-aged wines
poured from your new-broached, classic flasks.

Philosophy to Lalage

Lulled to faint sparks, the blacksmith's blows;
to fleeting hopes, our destiny.
Be ours the millpond's fine repose,
that loves its own tranquillity.

Let the soul's oarsman take his rest,
let fate pull up in mid-career.
We'll speak wise words, low-voiced, unstressed,
we'll talk of Sleep, who must not hear.

A un poeta bucólico

Tú que, huyendo el rumor y los ardides
cortesanos, vivías ignorado,
sabio cultor, no dejes tu sembrado,
tu grey no olvides, tu heredad no olvides.

Las silvestres faenas no descuides
y no abandones tu sencillo estado,
ya que guarda Virgilio de tu arado
y guarda Anacreonte de tus vides.

Poda los brotes del laurel de Apolo
y educa los racimos de Leneo
pacientemente, diligente y solo;

y goza de tus años, tú que abrevas
el labio con gustoso paladeo
en vino añejo de tus hidrias nuevas.

Filosofía a Lálage

Duerme en la chispa frágil la palpitante fragua,
y en el fugaz intento nuestra fatalidad:
seamos, por el noble silencio, como el agua
quieta, que se enamora de su inmovilidad.

Al remero del alma, que dé paz a los remos:
al destino, que frene de pronto su corcel.
Apaga el ansia, baja la voz, filosofemos,
y no nos oiga el sueño lo que decimos dél.

Ode on the Death of Tolstoy

Great oak and oracle, and earthly miracle,
who spoke when shaken by wild winds of sea,
to-day in highland's primeval heartland
the hand is parched that had planted thee.
Red rays of warning in bursts were streaming!
You blessed the tribes with the gift of bread;
and in the salt tears that Jeremiah shed
you heaped the coarse flour of your grain,
for since the first night of the noon-days
there's no redeeming the sons of men.

> *Immensity of sky and sea,*
> *grace of consoling lenity,*
> *to feed, to take our sins away –*
> *O Satan, Satan – and to slay.*

Joy like a corpse, comforter malignant,
raging saint, grime-flower of good and ill:
death's coin of mercy that offers beggars
the seeming gift of the blade of daggers!
The prophet's cross, longer than a groaning,
ascended cloud-high to vex the storm,
down which descending the fiery dragon
devoured the fruit of the yet unborn.
(For man is one everlasting groaning,
the best for man, never to be born.)

> *Desolation, desolation,*
> *Herod is reborn as Reason;*
> *at the altar-rail of pardon*
> *let man's harvest be beheading.*

With classic wisdom of old Silenus,
through icy plains the redeemer made his way.
His voice's ox-cart rolled on like thunder,
his brow spoke promise, his eye a dreamer's,
the face of Moses was this redeemer's,
a stately tree-trunk all hung with hay.

Oda en la muerte de Tolstoi

Alta encina y oráculo, milagro de la tierra,
que hablaba estremecida del viento de la mar:
hoy, en el corazón antiguo de la sierra,
la mano se ha secado que la pudo plantar:
la que estallaba en rojos rayos de profecías
y echaba por las tribus bendiciones de pan;
la que, en la sal del llanto que llora Jeremías,
amasaba las ásperas harinas de su pan.
(Porque, desde la noche primera de los días,
los hijos de los hombres no se redimirán.)

> *Inmensidad de cielo y mar,*
> *alta virtud de consolar,*
> *de alimentar, de perdonar*
> *– oh Satanás – y de matar.*

Alegría funesta, consuelos enemigos,
piedad sañuda y flora turbia de bien y mal:
limosna de la muerte, que alarga a los mendigos
en ademán de dádiva la hoja del puñal.
La cruz de aquel profeta, larga como un gemido,
subía hasta las nubes en pos de tempestad:
por ella descendía el dragón encendido
a devorar el fruto de la posteridad.
(Porque la humanidad es perenne gemido,
y es mejor no nacer para la humanidad.)

> *Desolación, desolación.*
> *Es nuevo Herodes la razón;*
> *sea, en el ara del perdón,*
> *la humana mies, degollación.*

Con la sabiduría clásica del Sileno,
avanza por los campos de hielo el redentor;
el carro de su voz rodaba como un trueno,
su frente era promesa, sus ojos estupor.
Venerable como un tronco vestido de heno,
el redentor tenía la cara de Moisés.
Bajo el cabello, lívido reverberar de plata,

Below his hair, livid silver drum-beat,
his beard like white-water-shock was raining,
with wings of lightning his feet were shining,
and when he turned loose his voice to preaching,
it seemed a sudden shouting of the sea.

    Desolation, desolation,
    accursed is all creation,
    a drawn-out convulsion
    the heart's palpitation.

The troop of peoples like sea-froth seething –
O surging waves – rounds on the redeemer;
the human vapour befogs the ether,
the earth is wet with its sweat and weeping.
(Across the steppe, vivid silver drum-beat,
white water foaming, rains down at evening.)
The fearsome mouth speaks the judging word,
the fearsome mouth wields the burning sword;
the Tree of Knowledge far off is tinder,
the rock has split Noah's Ark asunder:
"O brothers, brothers, unseal the tomb,
fall back, return to our mother's womb,
for life is shame, life is false accord,
men's flesh is feed for the hosts of hell,
and Creation a stain on the raiment of the Lord."

    Immensity of sky and sea,
    grace of consoling lenity,
    to feed, to take our sins away –
    O Satan, Satan – and to slay.

cogiosa barba llueve como una catarata.
Lleva alas de relámpago prendidas a los pies.
Cuando deja salir la voz a predicar,
es como si gritara súbitamente el mar.

Desolación, desolación.
Maldita está la Creación,
y es una larga convulsión
el palpitar del corazón.

Y el coro de los pueblos hierve como la espuma
– oh asalto de las olas –, persigue al redentor;
el vaho de los hombres forma en el éter bruma,
y la tierra se moja de llanto y de sudor.
(Flota en la estepa un vívido reverberar de plata
que llueve de la tarde como una catarata.)
y la terrible boca pronuncia la sentencia,
y ardiente espada surge de la terrible boca;
consúmese a lo lejos el Árbol de la Ciencia,
y el Arca de Noé se parte en una roca:
"Hermanos, replegaos al útero materno.
Abrid tumbas, la vida es vergüenza y error.
La carne de los hombres es pasto del Infierno.
La Creación es mancha del manto del Señor."

Inmensidad de cielo y mar,
alta virtud de consolar,
de alimentar, de perdonar
– oh Satanás – y de matar.

Lament at Christmas

That day, how dismal was the night
that harboured the eternal will,
and, red in legend, caught alight,
and blazed to temper winter's chill.

The Virgin was unswathed for birth.
The primal miracle unfolds,
embraces us; the Child beholds,
as new creation, all the earth.

Bright homestead, beacon of the world!
Here like a sudden glimpse of fate,
the oriflamme of light, unfurled,
leaps from the window to the street.

Far off, six glowing points of gold,
six shining eyes, where, pounding on,
they come, resplendent, urgent, bold:
three camels run beneath the moon.

Night charged with light: an opulence
of stars in vibrant caravan:
the breasts of night in rhythmic dance
that thrills the family of man.

II

"They didn't build this house for you,
on modest by-road, tucked away.
No bed, no bread, no wine for you!
Take up your load, be on your way!

"It's not for you the hearth is bright
with fire; the market's humble chat
doesn't occur for your delight,
you who have suffered grief and hurt.

Lamentación de navidad

Desolada la noche que algún día
fuera el asilo del placer eterno
y, roja de leyenda, se encendía
a templar los rigores del invierno.

La Virgen desataba su corpiño:
surge el milagro original que encierra,
y era, bajo los ojos de aquel niño,
reciente creación toda la tierra.

¡Faro del mundo, estancia iluminada!
Como una mirada del destino,
la bandera de luces desplegada
salta de la ventana hasta el camino.

Y, lejos, brillan seis chispas de oro
de seis ojos ardientes. Y son ellos,
y trotan, con un ímpetu sonoro,
a la luna, dorados los camellos.

Noche llena de luz. Hay un derroche
de estrellas en vibrante caravana,
y palpitan los senos de la noche
al jadear de la familia humana.

II

"No para ti se edificó la casa
modesta y recatada en el camino,
ni el lecho para ti, ni el pan, ni el vino.
Cobra tu fardo y adelante pasa.

"No se encendió el fogón a tu regalo,
ni la charla sencilla de la venta
se movió para ti, ni te contenta,
que a golpes de dolor te has hecho malo.

"Don't seek life's buoyant clarities:
your appetite is withered, lost.
You're in oblivion's grip of ice,
no intimate secluded feast.

"Leave us those blessings to enjoy,
suppressed in you by reason's breath.
Go forth: you shall have melody
to populate your plains of death."

I go, I speak Your name in sorrow.
No bed, no bread, no wine for me!
I thrust the torch where I must follow:
it fades in shade's periphery.

III

Lord God, the crown of worlds, high prince
of holy writ, the unknown's voice:
assail me with your angry jaws,
my hands shall be your instruments;

Lay tasks on me, with puissant signs
to which my brothers must attend,
or make me fly as fly the grains
to fructify in fertile ground.

I weep, I crave to be in dread,
to sense, majestic God, Your tread,
to move unresting on my course.

God of the gleaming flail, arise!
Borne through the sounding universe,
ride forth and chasten galaxies!

"No las claras surgentes de la vida
busques para tu labio consumido:
tú, a la prisión de hielo del olvido,
no a la íntima fiesta recogida.

"Déjanos disfrutar las bendiciones
que en ti apagó el soplar de la razón:
sigue, viajero, ya tendrás canciones
para que puebles tu desolación."

Sigo… Mi labio en dolor Te nombra.
¡Ni el lecho para mí, ni el pan, ni el vino!
La tea empujo a descubrir camino:
se apaga en las pestañas de la sombra.

III

Señor, mi Dios, corona de los mundos,
Rey de la Biblia, voz de los arcanos:
hiéreme con tus dientes iracundos,
úsame como una de tus manos;

dame obras que cumplir, hazme profundos
signos con que me atiendan mis hermanos,
o hazme volar como haces en los granos
hasta la tierra en que han de ser fecundos.

Asombros quiero porque estoy lloroso,
y de Tu Majestad sentir las huellas
para seguir mi rumbo sin reposo.

Surge, pues, con tu azote de centellas,
y sobre el universo clamoroso
ruede tu carro castigando estrellas.

German Tale

It was the hour the cat performs its bacon-grabbing spring,
When across every window-pane fine gold is glittering,
The hour the Magus of the Moon goes out adventuring:
In every bottle, jug and flask, the wine was heard to sing.

It sang among the flushes of the ample-bellied butts,
That belch, and snore, and dream of being emptied of their guts
By the nocturnal Scullion of the kitchens of the king,
The dread of every kitchen-maid and dainty little thing.

It sang the way the wild wind sings in the banners at the gate,
While yokels take their beauty-sleep, and poets watch and wait.
All in her dreams the princess heard the wine's alluring chants;
All in her dreams she yielded to the pleasures of the dance.

She had a base-born chaperone, of very low degree,
Who dreamed – it's fairly normal – she was on a drunken spree.
The king's a man of honour, a discreet and upright king,
The king – he dreams of nothing, for he doesn't hear a thing.

The king had grown a golden fleece that hung beneath his chin:
Perhaps he kept a golden wine to marinade it in.
This was his wisest counsel, this consoled him last and first:
To swig whenever possible a bottle of the worst.

The cat has pinched the bacon! and towards the moon it's gone,
Soars up, and drinks the little wisps of moonbeam, one by one:
For flying is a special skill of all the feline band,
Provided that good fortune and the full moon lend a hand.

The royal park was all the while enraptured with the moon,
Who took her time, enjoyed herself, and bathed in the lagoon.

"Oho, my little pixie-man! Be waking, sir, stand by!
Tell me, is that a flying cat that soars across the sky?"
"Oho, my little elf, and would you rouse me? Can't you tell,
It's the Devil haunts and harries us, the Devil come from hell."
"Protect us, little pixie-man!" He knew the whole affair;
His beard grew long, and longer still, when spring was in the air.

Cuento alemán

A la hora en que el gato salta sobre el tocino,
en las vidrieras arde un rayo de oro fino
y el Hombre de la Luna comienza su destino,
en todas las botellas se oyó cantar el vino.

Cantaba entre el bochorno de las obesas pipas
que roncan y que sueñan que les saca las tripas
el nocharniego pinche de las regias cocinas,
terror de las doncellas y de las golosinas.

Cantaba como canta el viento en las veletas,
mientras los zafios duermen y velan los poetas.
En sueños, la princesa, que lo oye cantar,
en sueños se entregaba al gusto de bailar,

mientras la dueña, gente de condición vulgar,
se emborrachaba en sueños, que así suele pasar.
El rey, como discreto, como persona honrada,
el rey … pues nada sueña porque no escucha nada.

El rey tiene por barbas dorado vellocino,
cual si las empapara en el dorado vino,
y es su consuelo único y su mejor consejo
tomar a cada rato un trago de lo añejo.

Roba el tocino el gato. Ya trepa hacia la luna
bebiendo las hebrillas de luz una por una:
volar es cosa propia de la raza gatuna,
si ayuda el plenilunio y ayuda la fortuna.

En tanto, el regio parque se embriagaba de luna,
y la luna se daba baños en la laguna.

– Ay! viejo duendecito, prenda usía su vela!
Diga: aquello que sube ¿es un gato que vuela?
– ¡Ay, viejecita duende! ¿Para qué me desvela?
¿No sabe que es el Diablo que nos ronda y nos vela?
¡Bien haya el duendecito que todo lo sabía!
A cada primavera, la barba le crecía.

The daybreak from her scabbard drew her golden snickersnee;
Loud crowed the golden cockerel in the Minster sacristy.
The princess woke and rubbed her eyes, worn out from her contortions;
The chaperone, from bibulous and stertorous exertions.

The king's a man of honour, a discreet and upright king,
The king – the king knows nothing, for he doesn't know a thing.
The folk who saunter in the Square to view the clock, they say
It was the Flying-Dutchman-Puss-in-Boots who passed this way.

He went about the town at night, and drained the bottles dry,
He emptied all the demijohns, and made the maidens cry;
And, following the custom, in the tavern sat a-sipping
Of his wine, with modest quantities of bacon, cheese and dripping.

The princess was delivered of a very ugly cat;
The chaperone was negligent, she took the blame for that;
The king, a noble-hearted and sagacious man of state,
Continued with his breakfast and completely cleared his plate;

He supped his mild and bitter ale, and sucked his whiskered septum,
And ate his meal in silence, not a single word escaped him.
And there's no doubt about it, that between himself and he,
The king had not one thought at all! No comment – let it be.

Here's wishing you the best of health, the greatest good fortune,
And keep your daughters locked away from the Magus of the Moon!

Four monks composed these verses and they all were Goliards,
They lived the life of vagrants, though their families were wealthy,
Disciples of John Duns's, acolytes of Abelard's
(Though none of them was maimed, or squinty-eyed, or that unhealthy);
They had a gross of drinking-vats, a cubic chain of tuns,
And four tomato faces like a clutch of scarlet suns.

Desnuda la mañana su dorado puñal
y canta el gallo de oro que hay en la catedral.
Despierta la princesa rendida de bailar;
la dueña, de beber; la dueña, de roncar.

El rey, como discreto, como persona honrada,
el rey … pues nada sabe porque no sabe nada.
La gente que a la plaza sale a ver el reló
cuenta que el Holandés de las Botas pasó

de noche por el pueblo, vaciando las botellas,
hundiendo las tinajas y empreñando doncellas,
y, como de costumbre, sopeaba su vino
con su poco de queso, de lardo y de tocino.

La princesa pariera un feísimo gato;
la dueña confesara que se distrajo un rato;
y el rey, como magnánimo, el rey, como sensato,
iba desayunándose hasta limpiar el plato,

y sin decir palabra gustaba del guisote,
sorbía su cerveza, se chupaba el bigote;
si bien no cabe duda que, para su capote,
el rey … nada pensaba, aunque nada se note.

¡Así tengáis salud y así tengáis fortuna,
guardad a vuestras hijas del Hombre de la Luna!

Hicieron estos versos cuatro monjes goliardos,
de vidas vagabundas si de familias ricas,
discípulos de Erígenas y alumnos de Abelardos
— aunque no eran mancos, ni tuertos y ni cojos —,
que, de beber, tenían volumen de barricas
y cuatro caras como cuatro soles muy rojos.

Avowal

I love you, so obdurate,
you new uncertain soul;
your thirst, no cup can cure it;
your grace, your crazy spirit,
like waves that rise and roll:

Just as they crash and tumble
and raise a twisting plume,
dismembered in the scramble
they strew on rocks of landfall
the scorpions of spume.

Gloss of My Own Country
Amapola morada - the Purple Poppy

My purple poppy papaver
of the vale where I was born:
if no love blows your horn,
then come and be my lover.

Red carnation, rest your brow,
thistle is disdainful;
white jasmine, sleep now,
laurel's rage is baneful.
Mallow, give your honeydew,
wrinkled orange, juice of gold;
Thirsty granate, ruby blood;
you are my only darling, you,
my purple poppy papaver.

Under fig-tree's leafy shade
modest anackwa grows;
on the spreading creeper-bed
writhes the lusty rose;
a glimmering of butterflies,
a shimmering of colibris;

Voto

Te quiero para reacia,
alma temblorosa y nueva,
para sed que no se sacia;
émula en locura y gracia
de la onda que se subleva:

Bien como revuelta, choca
y alza encarrujada pluma
y en el vaivén se disloca,
y escupe sobre la roca
los alacranes de espuma.

Glosa de mi tierra

Amapolita morada
del valle donde nací:
si no estás enamorada,
enamórate de mí.

Aduerma el rojo clavel
o el blanco jazmín las sienes;
que el cardo es sólo desdenes,
y sólo furia el laurel.
Dé el monacillo su miel,
y la naranja rugada
y la sedienta granada
zumo y sangre – oro y rubí;
que yo te prefiero a ti,
amapolita morada.

Al pie de la higuera hojosa
tiende el manto la alfombrilla;
crecen la anacua sencilla
y la cortesana rosa;
donde no la mariposa,
tornasol a el colibrí.

my one and only darling, please,
why is your hand withdrawn?
The sleeping-cup of litanies
of the vale where I was born.

When daylight is reborn,
or waking from their siesta,
the magpies make a fiesta
with concentrated cry.
Then why, my poppy, why
so cold, untouched, and shy,
and never say a word to me,
but fill me with uncertainty,
hands open, glass drained dry,
if no love blows your horn?

Starburst of gold appears,
born from your trembling chalice:
a *modus rationalis*?
A perfume-box of tears?
Worth more than a chorale is
your silence in my ears.
In you I shall discover
how music plays the rover:
my poppy of the valleys,
then come and be my lover.

*Gloss: a verse-form practised in Spanish America, in which (since the 17ᵗʰ century) a
popular refrain of four lines is followed by four ten-line stanzas, each ending with a
line of the original refrain.*

Anackwa [Anacua]: medicinal North Mexican plant.

Colibri: humming-bird.

Pero te prefiero a ti,
de quien la mano se aleja:
vaso en que duerme la queja
del valle donde nací.

Cuando, al renacer el día
y al despertar de la siesta,
hacen las urracas fiesta
y salvas de gritería,
¿por qué, amapola, tan fría,
o tan pura, o tan callada?
¿Por qué, sin decirme nada,
me infundes un ansia incierta
— copa exhausta, mano abierta
si no estás enamorada?

¿Nacerán estrellas de oro
de tu cáliz tremulento
— norma para el pensamiento
o bujeta para el lloro?
No vale un canto sonoro
el silencio que te oí.
Apurando estoy en ti
cuánto la música yerra.
Amapola de mi tierra:
enamórate de mí.

Carlos Lozano

Concert on board the Espagne

At sea a piano quivers, dreams
of the coo-cooing of the wave,
dreams as it berths beside the suave
beach of moon-gauze, and knows between

the rustling crepe and wide blue sky,
the flag and pennant, cloud and foam,
knows that the quivering note is planned
in code that's brushed down off the seam

of sea and sky. With taut breath now,
reaching the point of fraught concern,
you, a pale shadow, wistful gaze,

at last commit your faithful hands.
You ended as a wandering sigh,
and vanished in the peaceful moon.

Spring

Cul-de-sac breezes
Mesh at street-corners.
    Spring.

Still on my eyelash,
Fleck of a seed-grain.
    Spring.

Wall-hopper climbing,
Lizard retreating.
    Spring.

Cat, all day, stalking
Countless small creatures.
    Spring.

Carlos Lozano

Concierto a bordo del Espagne

Un piano sobre el mar, trémulamente
a los arrullos de la onda sueña,
sueña con abordar a la risueña
playa de gasa de la luna, y siente

como entre raso azul, crespón crujiente,
nube y espuma, flámula y enseña,
que la trémula nota se diseña
en cifra desflecada por la frente

del mar y el cielo. Resollando angustia,
al ansia pesarosa del instante
– pálida sombra tú, mirada mustia –

confiabas al fin las manos pías:
– y eras, al fin, exhalación errante,
y en la paz de la luna te perdías.

Aires de bocacalle

Aires de la bocacalle
enredan por las esquinas.
    Primavera.

Se me queda en las pestañas
un copo de una semilla.
    Primavera.

Trepa la saltaparedes
y el lagarto se desliza.
    Primavera.

Todo el día, el gato a caza
de mil diminutas vidas.
    Primavera.

Round your eyes, darling,
(yours too, dears!): tremors!
    Spring.

Madrid, You Change

Madrid, you change your light to suit the hours:
Madrid, your nervous breathing-out of lives;
With impetus of greedy tears I pose
My questions to the face of all your days.

That Guadarrama fog that makes us blink,
I hope it never lies across your sun;
And that rough cloth of wind that wipes Castile,
I hope it never tangles in your trees.

In the Venetian blind, is that your voice?
I cannot tell; I know you crazily
Howl like a wolf, wreak havoc with your claws.

I let myself go straying through your days
– end up as your old guest – unwillingly,
just like the straying of your yellow leaves.

Garden   *Land of the fan*

Late light of passive evening
in which some garden fading
squanders on living silver
the azure it was saving.

Eclogue of rose and star.
Scarcely-a-moon. The sea,
sensed in advance, expansive,
encourages a song.

But you – so sure of flowers,
all those your love embraces –

Temblores por tus ojeras
y por las de tus amigas.
    Primavera.

Madrid que cambias

Madrid que cambias luces con las horas:
Madrid, nerviosa exhalación de vidas:
con ímpetu de lágrimas golosas
interrogo la cara de tus días.

No disfrace tu sol la pestañosa
niebla que el Guadarrama engendra y cría,
y no enrede tus árboles la tosca
manta de viento que barre a Castilla.

Desconozco tu voz en la persiana,
a pesar de saber que es tu manía aullar
de lobo y sacudir con zarpa.

y me dejo rodar entre tus días
– tu huésped viejo al fin – de mala gana,
como ruedan tus hojas amarillas.

Jardín   *País de abanico*

Lenta luz. Tarde pasiva
en que algún jardín se borra
y derrocha en plata viva
lo poco de azul que ahorra.

Égloga de estrella y rosa.
Apenas-luna. Y el mar
presentido en la anchurosa
incitación de cantar.

Pero tú – segur de flores,
cuantas abraza tu amor –

you are beset with colours.
Now you are (please, no tears)
a fleeting ghost of flowers.

My Loves

1

I came to Madrid one day.
In the Prado and San Isidro
Were many beautiful women.
But my loves are Mexican.

Let no-one learned in love
Come at me with reproaches.
I seem to have much to say:
What I keep to myself is more.

At the time I left my country
I hadn't been married off:
A tower without a shield,
Or better, a wine unopened!
I didn't look for her, no:
She put me through my paces,
A mare with slanting eyes,
Her hair, and her essence, of gold.

2

In the air of Paris
Many kisses are sown:
So too, in a garden, flowers.
But my loves are Mexican.

Of all the philosophies
Of all the many who love,
I do what heaven commands:
For them it was never the case.

te abrumas en los colores.
Ya sólo eres (no llores)
raudo fantasma de flor.

Mis amores

1

A Madrid llegaba un día,
y en San Isidro y el Prado
lindas mujeres había.
Pero mis amores son mexicanos.

Que algún doctor en amor
no me venga con regaños:
parece que digo mucho,
pero más es lo que callo.

¡Cuando salí de mi tierra,
no se me había casado,
y era torre sin escudo,
o mejor, vino sellado!
Yo no la buscaba, no:
ella se me puso al paso,
yegua de rasgados ojos
y de pelaje dorado.

2

En el aire de París
hay muchos besos sembrados
como flores en jardín.
Pero mis amores son mexicanos.

Yo de las filosofías
de tantos enamorados
hago lo que manda el cielo,
que nunca les hizo caso.

She, the passionate, brown,
Dear little bird of clay,
Colour of coffee with milk,
The Guadalupean hue,
How am I to forget her?
When she lived in my arms,
Time itself was complete
And Space was full to the brim!

3

The airs of Buenos Aires,
For loving, are splendid, brave,
Haughty and difficult.
But my loves are Mexican.

It's here my powers fail,
Here I faint and I fall,
Here I slump to the ground
And can hardly rise again.
O passion, you are a dove,
You are like the Holy Spirit!
Why are you given those names,
Why do they call you sin?

O rider with no stirrups,
Hurtling to the ravine!
To dally here was my fate,
The dangers were my toys:
For death has always been
A Mexican's dearest love.
(Light of the moon for your skin,
Fire in your flanks asleep:
Only your eyes and the sky
Visible on the plain.)

La morena de pasión,
el pajarito de barro,
color de café con leche,
que es color guadalupeano,
¿cómo la puedo olvidar
si, mientras vivió en mis brazos,
el tiempo estaba completo
y estaba henchido el espacio?

3

Aires los de Buenos Aires
para los amores bravos,
altivos y desiguales.
Pero mis amores son mexicanos.

Aquí las fuerzas me faltan,
aquí caigo, aquí desmayo,
aquí me derribo al suelo
y con pena me levanto.
¡Oh pasión que eres paloma
como el Espíritu Santo!
¿Por qué te dan tantos nombres,
por qué te llaman pecado?

¡Oh sin estribos jinete,
galope contra barranco!
Quedarme aquí fue mi suerte
con los peligros jugando,
que siempre ha sido la muerte
novia de los mexicanos.
(Luz de luna por tu tez,
fuego dormido en tus flancos:
sólo tus ojos y el cielo
se veían en el campo.)

Río de Janeiro,
12 de diciembre, 1930.

Prosaic Theory

1

Where I come from, a kid
was cooked on the spit,
and another spit ripped
at the charred outer bit.
Much better's the way
the gauchos all do it:
the Tharauds describe
the custom as jewish.
They stand at the fire
and eat with its skin
the noble roast, biting
the carcass straight in
with their camp-knife to cut it.
What rustics can teach us!
One day we should go
without fork or knife
for the peaceable life
like the sage in the barrel
or like any yokel.

2

And who says the poets
who manage to slacken
the cords of instruction
are turning their back on
live history, wishing
to talk about nothing
while only frequenting
the purely unsure!
I'd rather go wenching
in literature.
Not all must be based on
the decimal system:
I reckon in bushels,
in rods, poles, and perches.

Teoría prosáica

1

En mi tierra sancochaban
los cabritos en la estaca,
con otra estaca arrancando
el pellejo hecho carbón.
Pero en el campo argentino
lo hacen mejor:
con la costumbre judía
de que hablan los Tharaud,
el noble asado con cuero
se come junto al fogón,
en la misma res mordiendo,
cortando con el facón.
¡Hasta la gente del campo
nos da lección!
Alguna vez hay que andar
sin cuchillo y tenedor,
pegado a la humilde vida
como Diógenes al charco,
y como cualquier peón.

2

¡Y decir que los poetas,
aunque aflojan las sujetas
cuerdas de la preceptiva,
huyen de la historia viva,
de nada quieren hablar,
sino sólo frecuentar
la vaguedad pura!
Yo prefiero promiscuar
en literatura.

No todo ha de ser igual
al sistema decimal:
mido a veces con almud,
con vara y con cuarterón.

I keep myself healthy,
I like to combine
the crude with the fine,
and I mix in one salad
– this much I know –
the paladin ballad
next-door, everyday –
with rarefied spirit
of Góngora, flavoured
with Mallarmé.

3

A vein in the gold,
earth soaked in green sap;
a statue half-sunk
in original stone;
voice lost in the choir;
the wax in pure honey;
the common speech fused
with the speech of rare metal
– like christian and moor –
they fit rather well:
and that's how life goes,
nothing there to deplore.

Guardo mejor la salud
alternando lo ramplón
con lo fino,
y junto en el alquitara
– como yo sé –
el romance paladino
del vecino
con la quintaesencia rara
de Góngora y Mallarmé.

3

Algo de ganga en el oro,
algo de tierra sorbida
con la savia vegetal;
la estatua medio metida
en la piedra original;
la voz, perdida entre el coro;
cera en la miel del panal;
y el habla vulgar fundida
con el metal
del habla más escogida
– así entre cristiano y moro –,
hoy por hoy no cuadran mal:
así va la vida,
y no lo deploro.

† 9 February, 1913

You watch us from some fold of light,
Wait for us in some niche of time:
Where are you, man of seven wounds?
The streaming blood, in blaze of noon.

February. Cain. The rattling guns.
The smoking corpses, in a pile.
Stirrups and reins had left your mind:
You soldier-Christ, for us you died.

Since then, the voices fill my night:
Tears are my joy, and loss my guest.
Since then, I live for this alone:

I keep you in me, carry you,
Make myself roughly lurch ahead:
To hold you is my only quest.

† 9 de febrero de 1913

¿En qué rincón del tiempo nos aguardas,
desde qué pliegue de la luz nos miras?
¿Adónde estás, varón de siete llagas,
sangre manando en la mitad del día?

Febrero de Caín y de metralla:
humean los cadáveres en pila.
Los estribos y riendas olvidabas
y, Cristo militar, te nos morías…

Desde entonces mi noche tiene voces,
huésped mi soledad, gusto mi llanto.
Y si seguí viviendo desde entonces

es porque en mí te llevo, en mí te salvo,
y me hago adelantar como a empellones,
en el afán de poseerte tanto.

Love Who Contains

Love who contains, restrains
The on-cues, the ingenues:
Love who strikes open-eyed
To hide what is signified:
Love, with your erudition:
What's left to you is reason.

With your wits and wariness,
How do you access excess?
How, if the door is yawning,
Are you in the doorway, moaning?
Love who contains, restrains
The on-cues, the ingenues!

Love, now I'm forty-seven
You've got me in no safe haven.
The prospect is climacterical:
I must be less chimerical.

To you, though, nothing's import-
-ant, seeing that life is short,
And you do not greatly care
If art is long – is that fair?

I renounce that amount of fever!
In the puritan spirit of Gratian,
I renounce the female for ever!
She's a discombobulation.

Amor que aguantas

Amor que aguantas y aturas
las verdes y las maduras,
amor que ataca sin venda
para que no se entienda,
amor con erudición:
lo que te sobra es razón.

¿Cómo das en los excesos
cuando no te faltan sesos?
¿Cómo, si la ves abierta,
estás llorando a la puerta,
amor que aguantas y aturas
las verdes y las maduras?

Amor, me has puesto en un brete,
que ando ya en cuarenta y siete,
y hay que ser menos quimérico
a vistas del climatérico.

Pero a ti nada te importa,
viendo que la vida es corta,
y a ti poco se te da
si el arte es largo, ¿verdá?

Reniego de tanta fiebre
y desordenado afán:
reniego de "lo muliebre",
como diría Gracián.

Rhymes

You walked in thirst for delight,
like a daughter of sorrow:
    am I right?
And didn't I fall
into your shawl –
    Holy Night –
Christmas tomorrow?

Siren, you creep in the deep
waves, unwilling to see me.
With one alone you speak:
with whom? and sleep?

Pillow-fringe
that punished her pride,
leaving a wound:
Does she sleep cocooned,
lapped on a cap,
or is she a bride?

Silence

This voice is most slender,
my choice to curse thunder,
as honey most tender
is physic for venom.
In a bud that is primed
on ephemeral dream,
I inquire into ploys
to get even with time;
I counter the noise
with silence, my choice.
No less Light is the spark
that is dark for a moment
and love is still love
by intensity silent.
Each time, fewer words;

Coplas

Andabas con sed de gozo,
como hija de la pena.
    ¿Sí o no?
    Y yo,
debajo de tu rebozo
me pasé la Noche Buena.

Sirena que entre las olas
se esconde para no verme,
¿con quién habla a solas,
con quién duerme?

Bordado de la almohada
que castigaste su orgullo
y la dejaste marcada:
cuéntame si está en capullo
o si es que duerme casada.

Silencio

Escojo la voz más tenue
para maldecir del trueno,
como la miel más delgada
para triaca del veneno.
En la corola embriagada
del más efímero sueño,
interrogo las astucias
del desquite contra el tiempo,
y a la barahunda opongo
el escogido silencio.
No es menos luz la centella
por cegar sólo un momento,
ni es desamor el amor
que enmudece por intenso.
Cada vez menos palabras;

and each word, a verse;
each poem, a pulse;
each pulse, universe.
A sphere now reduced
to the span of its kernel,
the moment's immortal,
the fleeting's eternal.
So sleep now, my song,
you're a dart that fate nailed,
whose flight-plan has failed;
you've lasted too long.

Poetic Advice

I've cracked it, solved the matter,
and almost grasped the artifice...
I face the yawning precipice
of ordinary chatter.
The shoals of bad and good,
the shiftless melancholia,
the whole paraphernalia
of daily personhood:
eschew these, to procure,
to catch what forms are pure.

Emotion? Ask the number,
world-mover, primal governor.
Temper the sacred instrument
on the far side of sentiment.
Discard the dumb, the deaf,
the anxious and the rough.
No need to fear, far from it,
if by the shining beam
of some bright star or comet
you can compact the track
of your especial dream.

y cada palabra, un verso;
cada poema, un latido;
cada latido, universo.
Esfera ya reducida
a la norma de su centro,
es inmortal el instante
y lo fugitivo eterno.
Flecha que clavó el destino,
aunque presuma de vuelo,
déjate dormir, canción,
que ya duraste un exceso.

Consejo poético

La cifra propongo; y ya
casi tengo el artificio,
cuando se abre el precipicio
de la palabra vulgar.
Las sirtes del bien y el mal,
la torpe melancolía,
toda la guardarropía
de la vida personal,
aléjalas, si procuras
atrapar las formas puras.

¿La emoción? Pídela al número
que mueve y gobierna al mundo.
Templa el sagrado instrumento
más allá del sentimiento.
Deja al sordo, deja al mudo,
al solícito y al rudo.
Nada temas, al contrario,
si en el rayo de una estrella
logras calcinar la huella
de tu sueño solitario.

Summit

On this mountain peak, far distant,
that I reach for just an instant,
I live as if in a diamond,
rock-hard and sterile, or
as if in a golden death
in Andean solitude,
where simply to pause for breath
respiration is eschewed,
and time forgets its career,
absorbed in the evermore.

Life being predestined
to the permanent conclusion,
dwells in its glory suspended
like the beatific pigeon,
and knows that it is sentenced
to the penalty unending:
for being alive by extinction,
and being itself a diamond,
it suffers the angels' torment,
the self there is no evading.

Ballad of the Dead Friends   *(At age 57)*

Half-a-dollar, seven cents:
I am neither rich nor poor,
have no high ambition, nor
lowly lack of confidence.
Years, as such, I don't deplore,
they are neither sad nor scary,
but the way they steal my friends,
ply their broom behind the door,
sweep up Tony, Peter, Harry.

Pictures, keepsakes; these will be
all I have for company.
Days enjoyed, bright memory!

Cima

En este punto remoto
que sólo alcanzo un instante,
vivo como en un diamante,
estéril y duro, como
en una muerte de oro
y en andina soledad,
donde para respirar
hay que negar un resuello,
y olvida su curso el tiempo,
absorto de eternidad.

La vida predestinada
al término permanente,
en su gloria se suspende
como la paloma extática,
y se sabe castigada
a la sentencia sin fin,
pues viviendo de morir,
padece, con ser diamante,
el tormento de los ángeles
que nunca escapan de sí.

Balada de los amigos muertos   *(En mis 57 años)*

Con mi tostón y mis siete centavos
yo no me tengo por pobre ni rico.
No sufro así – ni pretendo ni abdico
las ambiciones ni los menoscabos
de los señores ni de los esclavos.
No son los años, que yo no me arredro,
los que me traen dolor y desmedro:
son los amigos que el tiempo me roba.
Tras de las puertas arrima su escoba,
– y ahuyenta a Antonio y a Enrique y a Pedro.

Me voy quedando sin más compañía
que las reliquias y que los retratos.
¡Claras memorias, dulcísimos ratos!

Old wine, gone: the wine today
doesn't give the same bouquet.
Peaceful readings, pleasant chat:
clear I needn't add to that.
Flow, my tears; it's right to cry:
Harry, Peter, Anthony.

Where is that enchanted night
going over Plato's *Phaedrus,*
when those teeming notes of Peter's
rained on us till it was light?
Tony's heaven-sent delight
or Mephistophelean guffaw;
Harry's prattle, like a river,
humour of the tranquil Zephyr;
integra dulcisque vita:
Harry, Anthony and Peter.

Listening Muse whose lips are sealed,
sound the dirge, intone responses:
Peter, Tony, Harry, Alphonsus:
The fool survives, the wise are felled.

† Enrique Díez-Canedo.   *† Antonio Caso.*   *† Pedro Henríquez Ureña.*

Ya el vino viejo se acaba, y no cría
la viña nueva el sabor que solía.
¡Gratas lecturas, gustoso palique!
Todos lo entienden sin que yo lo explique.
¿Dónde se fueron tan plácidas horas?
¡Llora, alma mía, que es justo si lloras!
¿Adónde están Pedro, Antonio y Enrique?

¿Dónde el encanto de aquella velada
en que, anotando pasajes del *Fedro,*
los comentarios copiosos de Pedro
sólo escampaban a la madrugada?
¡Rapto de Antonio, o bien carcajada,
según lo inspiren el dios o el demonio!
¡Y el buen humor de apacible Favonio
que por la charla de Enrique fluía!…
¿A dónde estáis, regocijos de un día?
¿A dónde están Pedro, Enrique y Antonio?

Musa que escuchas sellados los labios:
suelta el lamento y entona el responso.
De Antonio y Pedro y Enrique y Alfonso,
perdura el necio, perecen los sabios.

† Enrique Díez-Canedo.   † Antonio Caso.   † Pedro Henríquez Ureña.

Conflagration of the Centuries

The House of Bones: well named! – It began
with just a wisp, and then there was a roaring
of furnace and steam-engine, and avenues of wind
that swung through the skeletons
the ribcages of the mastodons
and the elemental tusk mountings;
catobleps and diplodocus,
ichthyosaur and iguanodon,
Cro-Magnon Man, Pithecanthropus Erectus,
and the Missing Link, and the artist
of the caves, and the builder of neolithic
terraces and pleasant lake-houses…

The backbones whistled like flutes
and the eye-sockets gave off smoke.
Great jaws gaped and chewed fire.
The blaze levelled the centuries into waste.

The watchman suddenly embarked on a rare series
of leaps and convulsive tantrums,
waving banners of flame, noisily
cavorting, and emitting quaternary cries.
'Crazy!' they said, and it was pure sorcery.

Under his spell, the skeletons formed into stairways
– their strides uneven, their hip-bones projecting –
as if electrified, waving banners of flame,
with noise of rattles and swollen hinges;
and they were pouring out into the street:
a *danse macabre*, an exalted nightmare,
scholar's dream and people's dread.
There was nothing to see but mountains of ash
between military ranks of bones,
like guns stacked in a camp.

Rolling a cigar, the watchman explained:
'For the record, I did it to save Mexico.'

Incendio de los siglos

La Mansión de los Huesos: ¡bien llamada! – Empezó
con un chisporroteo, y a poco era un latir
de horno y locomotora, y avenidas de viento
que remecían en los armazones
los costillares de los mastodontes
y las elementales perchas de los colmillos;
los catoblepas y los diplodocus,
los ictiosaurios, los iguanodontes,
Hombres de Cromagnon, Erectos Pitecántropos,
y el Eslabón Perdido, y el artista
de las cuevas, y el constructor de las terrazas
neolíticas a de los dulces palafitos…

Silbaron como flautas las espinas dorsales
y echaron humo las cuencas de los ojos.
Largas fauces se abrían y masticaban fuego.
El incendio igualaba los siglos en despojos.

El guardián emprendió de pronto un raro giro
de saltaciones y de berrinches convulsivos,
agitando banderas de llamas, con ruïdo
las piernas y lanzando cuaternarios bramidos. –
¡Loco! – dijeron, y era magia pura.

Al conjuro, se echaron escaleras abajo –
desiguales los trancos, salientes las caderas –
los esqueletos, como electrizados,
agitando banderas de llamas, con ruïdo
de crótalos y de bisagras entumidas;
y fueron derramándose en la calle:
danza macabre, pesadilla excelsa,
sueño del sabio y pavor de la gente.
Sólo se vieron montes de ceniza
entre filas de huesos militares,
como fusiles de campamento en pabellones.

Torciendo su cigarro, el guardián explicaba: -
Conste: lo hice por salvar a México.

Farewell

To Enrique González Martínez

Now once again advancing, the grim relentless woodman
despoils and lays in ruins the green and towering tree.
The best recourse is silence: the less we say the better,
locked in this confrontation with old iniquity.

Rather than raise the anguished laments of desolation,
it's better not to listen, it's better to forget.
The lamp still burns discreetly, by which he kept his vigil:
let no-one undeceive it, nor dare to quench it yet.

We know the wall grows weaker: already the eternal
looms through the veil transparent, we see it face to face;
let's join our hearts together, and make this last entreaty:
a truce, a pause; for friendship implores an hour of grace.

The poet roams about us so close we hear his footfall,
and still we may imagine, and dream that he once more
will come at any moment and re-appear among us,
and take his place at table, just as he did before.

We have no time for weeping, no time and no occasion,
won over by his bearing, his easy courtesy.
The poet's face of copper smiles down on us, all cheerful,
just like a moon emerging, enormous, from the sea!

Adiós

A Enrique González Martínez

Dio un paso más el áspero hachero inexorable,
y fue despojo y lástima la torre vegetal.
Será mejor callarlo; cuanto menos se hable
será mejor en este careo con el mal.

Antes que alzar las crudas voces del desconsuelo,
mejor es desoír, mejor es olvidar:
la lámpara discreta que alumbró su desvelo
nadie la desengañe ni la ose apagar.

Aunque sepamos bien que se adelgaza el muro
y ya por transparencia se ve la eternidad,
juntemos nuestros ánimos en un postrer conjuro
y dénos la tregua que implora la amistad.

Porque el poeta ronda tan cerca todavía
que oímos sus pisadas, y aún cabe soñar
si no vendrá de pronto, así como solía,
en torno a nuestra mesa buscando su lugar.

Su fácil cortesía nos vence, nos sujeta
y no nos da ocasión ni tiempo de llorar:
¡Nos sonríe la cara cobriza del poeta
como una inmensa luna que asoma por el mar!

México, †19 de febrero, 1952.

The Boy at the Flying Leap

I came here behind
the wandering sheep:
next thing, I've gone over the cliff –
we call it the flying leap.

Bruised, skinned by the string of my shoe:
The cactus stuck darts in me just like a bull.
I took a week scratching and tending
my stings, where the nettles got through.

A fistful of earth
served to close the torn flesh on my hand;
a spider's web covered
the cut on my finger.
That's how it's done in the hills:
there's no other way, and there's nothing to fear.

Mother-wit, Mother Nature took charge,
not science as yet.
I laughed enough at the time
but now I look back with regret.

Turning over and over, I scattered the stones,
sent them leaping and scuttling away:
mythological weapons of primitive war -
round here, it was rabbits we used to say.

I came here behind
the wandering sheep:
next thing, I've gone over the cliff –
we call it the flying leap.

El niño en el voladero

Hasta aquí me trajeron
las vueltas de carnero:
otra más, y me voy por el barranco,
que aquí llamamos voladero.

Magullado, arañado con las lajas del suelo,
las biznagas me habían clavado banderillas,
y estuve una semana rascándome y curándome
los piquetes de la ortiguilla.

Un puñado de tierra
sirvió para cerrar un rasgón de la mano;
cubrió una telaraña
la cortada del dedo.
Así se usa en la montaña:
ni hay otro modo, ni hay que tener miedo.

Era señora la naturaleza
y no la ciencia todavía.
Hoy suelo recordarlo con tristeza
y entonces me reía.

Al voltear, hice rodar las piedras,
que salían botando y que saltaban lejos:
mitológicas armas de guerras primitivas,
que aquí llamábamos conejos.

Hasta aquí me trajeron las vueltas de carnero:
otra más, y me voy por el barranco,
que aquí llamamos voladero.

The Start of History

A savage lived in hutments poor,
sustained by simple forest fare.
He did not know the world was there,
sweetly content to live, no more.

What then? Adorned with silks and bling,
in stepped the missing element!
History started... Still not spent,
it runs its course, continuing.

The luxuries, the gluttonies,
nightmares, ambitions, cravings, crimes...
Look! As the poisons concentrate,

civilisations form and rise!
It's there in Rousseau. I donate,
to whom it may concern, these rhymes.

Heavenly Adelaida!

'Della, they say you complement
your inkwell with a range of inks.
So I shall be impertinent:
a man must speak the way he thinks.'

'How people gossip! Talk is poison.
Seven lovers: why should I desist?'
'Why Louis?' 'Louis is a cousin.'
'Why Philip?' 'He's a journalist.'

'Why John?' 'Old man: a good possession.'
'Fermín?' 'A fixer, competent.'
'Paco?' 'Torero of the season.'

'Sebastian?' 'Clueless, opulent.'
'What about me?' 'That's different:
I love you, that's the only reason.'

Comenzó la historia

Un salvajillo en pobre aduar vivía,
a quien silvestre ayuno sustentaba.
En dulce paz, del mundo no sabía
y con solo vivir se contentaba.

Sobrevino, ay de mí, la que faltaba,
de sedas adornada y pedrería.
Y comenzó la historia, y aún no acaba,
antes sigue su curso todavía.

Y aquí de la lujuria, aquí del vientre,
y quimeras, codicias y ambiciones…
Dejad que tal ponzoña se concentre:

veréis nacer las civilisaciones.
– Esto leí en Rousseau, y al que lo encuentre,
en albricias le dejo estas renglones.

¡Celeste Adelaida!

Hanme dicho, Adelaida, que es tu mente
muchas tintas mezclar en el tintero,
y si esta vez no soy impertinente,
no veo cómo puedo ser sincero…

– ¡Necias habladurías de la gente!
¿Con siete amantes piensan que exagero?
– ¿Por qué aceptas a Luis? – Es mi pariente.
– ¿Y a Filemón? – Es un gacetillero.

– ¿Y a Juan? – Tener un viejo es conveniente.
– ¿Y a Sebastián? – Por asno con dinero.
– ¿Y a don Fermín? – Porque es hombre influyente.

– ¿Y a Paquiro? – Paquiro es gran torero.
– Y a mí ¿por qué? – La cosa es diferente:
A ti… pues nada más porque te quiero.

Death with No Money

The boatman on the shadow-shore
kept souls in order with his oar.
From each he asked one obol fare:
death's an affordable affair.

Did I not know? did I ignore?
My fault? whose fault? I couldn't care.
The fact is, I had not one shekel,
groat, sesterce, drachma, kopek, nickel.

There's no prestige in non-provision.
Slaves, captains, kings and Holy Fathers
suffer the Stygian crew's derision.

'Go home! on foot! We're not cab-drivers.
You'll come right back, when you can give us
Two or three yen, or sous, or stivers.'

Outline of Mexico

Truth's told and checked and balanced, to which there's no objection:
The talented, the challenged, both profit from instruction.
Mexico's curved and conic, pours out its cornucopia
– The outline is ironic, the instinct's true and proper –
On swelling lands expanded beyond the Rio Grande,
To serve our neighbours better with bounteous open hand.
We teem with geographic peculiarities,
And every day that passes sheds further light on these.
The Saxon is above us, the Latin is below:
No sinecure, they have us on constant sentry-go.
And look at the anomalies that here are reconciled:
A land of joins and jumbles, where everything's embroiled!
Where passing clouds are wafted from sea to shining sea,
By Occident accosted and Orient equally,
It spreads its mass obliquely from point to counterpoint,
And sends out arms respective, embracing both conjoint.
All Europe and all Asia yield spellbound to the plan,

Penuria en muerte

En la orilla de sombras, el barquero
con el remo a las almas detenía
y a cada uno el óbolo pedía,
que hasta el morir es cosa de dinero.

¿Ignorancia u olvido? Yo no quiero
saber si es culpa ajena o culpa mía,
mas la verdad es que yo no traía
as, copec, dobla, rubia ni talero.

Andar tan desprovisto desprestigia
aun entre el equipaje de la Estigia,
papas y reyes, cómitres y esclavos.

"¡A pie y a casa, porque aquí no hay coche!
Ya volverás aquí cualquiera noche
en cuanto juntes dos o tres centavos."

Figura de México

La verdad no padece porque la digan muchos,
y es suerte que a los lerdos persuada y a los duchos.
Nadie ignora que México vuelca su cornucopia —
irónica figura, naturaleza propia —
sobre las ensanchadas tierras del Septentrión,
para mejor servirlas con su contribución.
Pero hay otros misterios en su geografía
que, por ventura nuestra, se aclaran cada día.
Con el sajón arriba, con el latino abajo,
hace de centinela, aunque no sin trabajo.
¡Y ojalá que concilie desigualdad tamaña
que todo lo confunde y todo lo enmaraña!
Paso de los efluvios entre uno y otro mar,
de Oriente y de Occidente solicitado al par,
tiende su masa oblicua por los contrarios puntos
y alarga sendos brazos para enlazarlos juntos.
¡Puedan Europa y Asia ceder al mismo imán

Through Baja California and through the Yucatan.
Such is the hieroglyphic this outline files away,
And history can confirm it, and literature display.
This is the X of *Schicksal,* the stubborn, fateful X,
Star-compass of the fo'c'sle, criss-crossing of the tracks!
The portrait of the planet has rhyme and reason to it:
The scientist can scan it; to dream it takes the poet.

Visitation

'I'm Death', he said. I didn't know
how very close he was to me,
right in my face, all set to blow
his chill perturbing puffery.

I have no plan to wriggle free.
As clear as clear, he's followed me
since then, and never let me be,
by night and day, insistently.

'To think,' I owned, 'by every means
I've tried to baffle you, to bluff
with fears and falsehoods, called you names!

"You bring caresses more than grief."
You were release, I called you chains.
You who were death, I called you life.

por Baja California o bien por Yucatán!
Tal es el jeroglifo que esconde la figura,
que confirma la historia, que ostenta la escritura
en esa persistente *equis* de los destinos,
estrella de los rumbos, cruce de los caminos.
Si tiene algún sentido la cara del planeta,
el sabio lo interrogue y suéñelo el poeta.

Visitación

– Soy la Muerte – me dijo. No sabía
que tan estrechamente me cercara,
al punto de volcarme por la cara
su turbadora vaharada fría.

Ya no intento eludir su compañía:
mis pasos sigue, transparente y clara,
y desde entonces no me desampara
ni me deja de noche ni de día.

– ¡Y pensar – confesé – que de mil modos
quise disimularte con apodos,
entre miedos y errores confundida¡

"Más tienes de caricia que de pena."
Eras alivio y te llamé cadena.
Eras la muerte y te llamé la vida.

COURTESY

"Many dwelt in Lombardy
  for to learn of courtesy."
      Love's Reason: 14th Century.

"Know this for sure, that she has come,
  the careful Princess Courtesy."
      LOPE DE VEGA: 17th Century.

My Friend,
Martial devoted much of his work to 'verses of circumstance' or occasional verses. The exquisite Góngora wrote ten-liners and quatrains to offer morsels to his nuns. Sor Juana penned some of her finest lines as part of her social life. The recondite Mallarmé sketched strophes on Easter eggs, addressed his correspondence in verse, made poems to go with gifts of handkerchiefs at New Year, and kept Méry Laurent's house full of inscriptions. And Rubén Darío? Margarita, Adela Villagrán, and so on! Not to mention so many more.

Today we have lost the good custom, so healthy for the mind, of taking seriously – or better, in fun – social verses, verses of albums, of courtesy. I tell you now that one who sings only within himself, is no singer; one who restricts his verses to the sublime, is not living the true life of poetry and letters, but wearing them as accessories, as if dressing up.

Be gradually persuaded. No harm is done in making cultural forms an everyday resource. Just be aware that we like to compile biographical papers and assemble memories. Be aware that we chatter: be comfortable with it!

CORTESÍA

"Moró mucho en Lombardía
para aprender cortesía."
  Razón de Amor (siglo XIII)

"Sabed por cosa cierta que ha venido
la curiosa princesa Cortesía."
  LOPE DE VEGA (siglo XVI)

Amigo Mío,
Marcial consagró buena parte de su obra a los "versos de circunstancias" o versos de ocasión. El exquisito Góngora escribía décimas y redondillas para ofrecer golosinas a unas monjas. No es lo menos bello de Sor Juana cuanto se le caía de la pluma como parte de su trato social. El recóndito Mallarmé dibujaba estrofas en los huevos de Pascua, ponía en verso las direcciones de sus cartas, hacía poemas para ofrecer pañuelitos de Año Nuevo y tenía la casa de Méry Laurent llena de inscripciones. ¿Y Rubén Darío? ¡Margarita, Adela Villagrán, etcétera! Para no hablar de tantos otros.

Hoy se ha perdido la buena costumbre, tan conveniente a la higiene mental, de tomar en serio – o mejor, en broma – los versos sociales, de álbum, de cortesía.

Desde ahora te digo que quien sólo canta en do de pecho no sabe cantar; que quien sólo trata en versos para las cosas sublimes no vive la verdadera vida de la poesía y las letras, sino que las lleva postizas como adorno para las fiestas.

Déjate convencer poco a poco. No hace ningún daño traer a la discreción cotidiana las formas de la cultura. Haz cuenta, simplemente, que queremos recopilar papeles biográficos y juntar memorias. Haz cuenta que charlamos un rato, y ponte cómodo.

IN MEXICO (1912-13)

Piece of Sky
To a painter

Fury below:
calm above.
The banners shout,
the shutters moan.

The cows of heaven slowly climb;
sheep alongside, diaphanous.

Sad Old Man

Nested by birds,
his twisty beard;
I saw the shaken giant weep.

The wind, made words,
groaned in the great
courageous oak-tree of his heart.

Euclid's Haiku

Parallel lines are
lines that finally converge
at infinity.

EN MÉXICO (1912-13)

Gajo de cielo
A un pintor

Abajo, la rabia:
arriba, la calma.
Las veletas claman,
lloran las persianas.

Lentas ascienden las celestes vacas,
de diáfanos corderos cortejadas.

Anciano triste

Anidada de pájaros
la barba tormentosa,
lo vi llorar, gigante sacudido.

y el viento hecho palabras
gemía entre el copioso
árbol de aliento de su corazón.

Hai-Kai de Euclides

Líneas paralelas
son las convergentes
que sólo se juntan en el infinito.

IN SPAIN (1915-22)

Street-cries of Madrid

The melons we sell in Madrid,
so I've heard people say,
were tried long ago by El Cid
and are tried by Chimena today.
   Try your luck anyway!

I sell notes and queries
on the works of Cervantes:
if once they were pointless,
they're useless today.
   Try your luck anyway!

On John the Archpriest
I have one or two readers
that spout fighting words
more crude than the curds
      squeezed
from Flower Hill cheeses.

My pannier's full up with
Picón-Cotarelos,*
   not to blaspheme,
and I'll sell you good syrup,
sweet fritters and waffles
      of Academe.

*Don Jacinto Octavio Picón, don Emilio Cotarelo:
   heavyweight scholars

EN ESPAÑA (1915-22)

Pregones madrileños

Los melones de Madrid,
según entendiendo voy,
si ayer los cataba el Cid,
los cata Jimena hoy.
    ¡Y a cala los doy!

Vendo unas anotaciones
a las obras de Cervantes
que, si tan ociosas antes,
son tan inútiles hoy.
    ¡Y a cala los doy!

De Juan Ruiz el Arcipreste
traigo unos comentadores
que vienen pidiendo guerra:
más agrestes que el agreste
requesón de Miraflores
        de la Sierra.

Traigo un serón hasta el tope
de picones-cotarelos,*
    para no decir blasfemias,
y es que ofrezco buen arrope,
pepitorias y buñuelos
        de Academias.

*Don Jacinto Octavio Picón, don Emilio Cotarelo:
sabios seriosos

Talking-Point
(Madrid)

At the window you see her,
all happy with flowers:
   she's from Andalucía.
Another: tint of *sandía*,*
and apples, with guavas:
   she's American. Ours!
(She's a Mexican: ours!)

    * *Watermelon.*

Project
   on a Basque beach

Marichu, white dress,
red buoy and blue sea,
sand, sun, bench, awning,
I'm '*tu*', and so's she.

Her sandal-cord rises
from her foot, forming crosses…
– That cloud, look how high it is!
She answers: Well! So it is!

Tópica
(Madrid)

Una mujer que sonría,
con flores y a la ventana,
    es de Andalucía.
Otra, color de manzana,
de guayaba y de sandía
    es americana.

Proyecto
de playa vascongada

Marichu vestida de blanco,
boina roja – y mar azul,
y arena y sol y toldo y banco,
y nos hablamos de tú.

La cinta de la sandalia sube
haciendo cruces desde el pie…
– Marichu ¡qué alta va esa nube!
Y Marichu responde: – ¡Pues!…

From SOCIAL VERSES

To Ronald de Carvalho

About to embark for Europe, the Brazilian poet
Ronald de Carvalho (who lived at Rua São Clemente 409)
sent Reyes the second series of his Brazilian Studies.

Reyes replies:

The Envelope

To Ronald de Carvalho. Urgent,
For he sails on the Lisbon Line.
The street is that of St Clement,
The number, four hundred and nine.

The Message

My friend, your *Brazilian Studies* –
The geometry is subtle –
Show us Brazil in full measure,
Like eyeglasses, much in little.
Laetans mea somnia sacro: *
I study in micro the macro,
I read them from cockcrow to cockcrow.
I find they give me great pleasure:
I find in this Second Series
All your weight, all your wit. Good value
From Ronald de Carvalho!
      Rio de Janeiro, 1931.

*I gladly sacrifice my sleep.

De VERSOS SOCIALES

A Ronald de Carvalho

*Estando próximo a embarcar para Europa el poeta brasileño
Ronald de Carvalho (que vivía en la Rua São Clemente, 409)
envió a Reyes la segunda serie de sus* Estudios Brasileiros.

Reyes le contesta:

El sobre

A Ronald de Carvalho. Urgente,
Antes que el barco nos lo lleve,
En la calle de San Clemente
Número cuatrocientos nueve.

La carta

Tus Estudios Brasileños
– geometría sutil –
dejan ver todo el Brasil,
siendo anteojos pequeños.
Les sacrifico mis sueños:
los leo de gallo a gallo.
Hallo que me gustan. Hallo,
en esta Segunda Serie,
toda tu gracia y tu serie-
dad, Ronaldo de Carvalho!

To Pedro Salinas

To thank him for
his poetry book Tale and Sign

At break of day I make the Sign,
    At its end
    Myself commend;
    From nine to nine
    Read *Tale and Sign.*
O signal moment, and condign,
    When by design
Both *each* and *both* each countersign!
   Compliment and poetry,
   Both and each respectively,
   Breach respective fresh perspectives,
   Open up this soul of mine.

Triolet *To thank Jean Cassou*

for sending his book Sarah, *which arrived*
after two or three other books from the
same author.

Joys enjoyed, kaleidoscope, yes,
We are friends who share our joys.
Every day, a new surprise:
Joys enjoyed, kaleidoscope, yes,
Sarah tops my pile with copious
Light and warmth and fantasies.
Joys enjoyed, kaleidoscope, yes,
We are friends who share our joys.

A Pedro Salinas

Para agradecerle
su libro de poesía Fábula y Signo

Por la mañana me persigno
    y por la noche me encomiendo,
    y todo el día estoy leyendo
      Fábula y Signo.
    ¡Oh momento único y digno
    de aplicar el "ambo" y el "sendo"!
Ambos a dos, Salinas, recuerdo y poesía,
abrieron sendas sendas dentro del alma mía.

Triolete   *Para agradecer a Jean Cassou*

el envío de su libro Sarah, *que llegó*
después de otros dos o tres libros
del mismo autor.

Como juega el calidoscopio
juega tu amistad con la mía:
a nueva sorpresa por día,
como juega el calidoscopio.
Sarah vuelca el cofre, y yo acopio
luz y calor y fantasía.
Como juega el calidoscopio
juega tu amistad con la mía.

To Francis de Miomandre

*To thank Francis de Miomandre
for his poem* Caméléon

A comrade of the Chameleon,
A friend of the Salamander:
Cellini of Florence; and my own
Francis de Miomandre.

*To thank him for his book
of prose poems,* Samsara

Soothsaying

Che sarà? Che non sarà?
What will be? What will not be?
Looming, passing, gliding free.
Who shall speak it plain to me?

Soon to be, or not to be,
Soundly sleeps Eurydice.
Who shall speak it plain to me?

Deepest depth, you hold your sway.
Panta rhei, panta chorei:
All is flux, all's pulse and play.
Who shall speak it plain to me?

Self-denying theorem:
Music that sequesters sound
(Time had spread it large around):
Bloom with neither spike nor stem:
     What will be?
     Che sarà?
     This will be:
     Samsarà!

A Francis de Miomandre

*Para agradecer a Francis de
Miomandre su poema* Caméléon

L'un a connu la Salamandre
Et l'autre le Caméléon:
Benvenuto Cellini et mon
ami Francis de Miomandre.

*Para agradecerle su libro
de poemas en prosa* Samsara

Adivinación

¿Qué será? ¿Qué no será?
Asoma y pasa y se va.
¿Quién me lo adivinará?

En el filo de la vida,
una Eurídice dormida.
¿Quién me lo adivinará?

Oh abismo, tú eres la ley:
Panta rei, panta chorei…
¿Quién me lo adivinará?

Razonable sinrazón,
música que hurta el son
al tiempo que lo prodiga,
flor sin tallo y sin espiga:
      ¿Qué será?
      Solución:
      Samsará!

To thank Salomón Wapnir
for his book To Left And Right

I welcome double-handed
Your book *To Left And Right*.
You snicked, as you intended,
Turtle-dove, heron, kite.

Some take it in the torso,
Some sense a glancing dart.
I'm lucky too, but more so –
It hits me in the heart.

The Pauls

From a letter to Paul Morand

In the sum of poetry,
not to give significance,
come these six, the Pauls of France,
　　　to my pen,
　　　to my quill:
　　　foam Verlaine,
　　　fire Claudel;
　　　crystal Valéry;
Fargue is any fragrance rare,
Éluard is literature;
But for you, Morand, a pure
flower fits you, perfectly.

Para agradecer a Salomón Wapnir

su libro A Izquierda y a Derecha

Bienvenido con las dos manos
tu libro *A Izquierda y a Derecha*:
garzas, tórtolas y milanos,
a cada uno hay una flecha.

A unos toca de costado
y a los otros de refilón.
Yo soy el más afortunado:
la recibo en el corazón.

Los Paúles

De una carta a Paul Morand

En la Poética Suma,
como sin darle importancia,
los Seis Paúles de Francia
se me vienen a la pluma:
si Verlaine es todo espuma,
Claudel fuego, y Valéry
cristal, y Fargue benjuí,
y Éluard literatura,
Morand, queda la flor pura
para apellidarte a ti.

'Level Crossing' by Genaro Estrada

(A book with some errata, like the rest!)

How enviable to possess,
as Genaro Estrada does,
a virtue with disinterest,
a freedom from It-is-Written,
Stuff-Happens, and Such-is-Fate!
For, Genaro, you levitate,
making a mock of gravity:
your book is in all veracity
'Level Crossing' above Cloud Eight.

No souring of your good humour,
Genaro the exemplary,
by Secretariat, Embassy,
suffering, love and rancour.
You sing, and you are greater
than the humdrum, the quotidian,
you defy each No with a Certainly,
a big Yes, being a champion.
(How you corrode us, history!
How you redeem us, poetry!)

Don't be oppressed by errata,
nor grieved by their pinpricks, Estrada.
Here's something you may consider:
though the eyesight is in fetters,
the spirit's not led by letters.
Ideas and the heart defuse
all the *n*'s that should be *u*'s:
for genius and generous ardour
are yours, Genaro Estrada.

'Paso a nivel' de Genaro Estrada

(Libro con algunas erratas ¡como todos!)

¡Qué envidia de poseer,
igual que Genaro Estrada,
una desinteresada
virtud, un modo de ser
libro del acontecer,
de "anankes" y de "mahtubes"!
porque tú, Genaro, subes
burlando la gravedad,
y tu libro es en verdad
Paso a nivel… de las nubes.

No amargan tu buen humor
oh ejemplar Genaro Estrada,
Secretaría, Embajada,
penas, amor ni rencor.
Tú cantas, tú eres mayor
que el acto de cada día.
Valiente quien desafía
Con un *sí* todos los *noes*.
¡Oh historia, tu nos corroes!
¡Tú nos salvas, poesía!

(La errata no te atosigue,
no te duela su punzada;
pues sabrás, Genaro Estrada,
que aunque la vista se obligue,
el espíritu no sigue
la letra sino la idea
– sino la sangre – y sortea
cada *u* cambiado en *ene*,
porque el espíritu tiene
libre estrada en que campea.)

By Way of Thanks
to Genaro Estrada
for his Little Level Ways

Genaro in Spain a-strolling,
from him a book did fall.
It fell like a fruit in autumn,
mellow and seasonal.

What rejoicing in the snickets
and the little level ways,
when Genaro went a-strolling,
reciting his simple lays!

Guetaria, Zumaya, Córdoba,
Málaga, Ronda, Toledo,
San Sebastián and Behovia,
Toro, Aranda del Duero,
San Fernando and Cuenca
and Jerez de la Frontera,

all saw him passing gaily
in the little level ways,
when Genaro went a-strolling,
reciting his simple lays!

Málaga melting in zephyrs,
Ronda, the plains baked brown,
Cuenca, her tall black poplars,
surge of Toledo town,

Córdoba smitten in moonlight;
apple, sardine, and flood,
fresh winds at San Sebastian,
his arrows sown and removed;

Aranjuez with her flowers,
heavy silence of Spain,
Aranda's and Zamora's
glory of dust and sun;

Para agradecer

a Genaro Estrada
sus Senderillos a ras

Genaro andando en España,
un libro se le cayó:
se le cayó de maduro,
como la fruta en sazón.

¡Oh, qué fiesta en las veredas
y en los senderillos,
cuando Genaro decía
sus versos sencillos!

Guetaria, Zumaya, Córdoba,
Málaga, Ronda y Toledo,
San Sebastián y Behovia,
Toro y Aranda del Duero,
también San Fernando y Cuenca
y Jerez de la Frontera,

lo vieron pasar alegre,
por los senderillos,
cuando Genaro decía
sus versos sencillos.

Málaga disuelta en aire,
Ronda y su campo sombrío,
los altos chopos de Cuenca,
Toledo suelta en el río,

Córdoba deshecha en luna;
ola y sardina y manzana
y viento en San Sebastián
– que flechas le hinca y arranca –,

y entre flores de Aranjuez,
grave silencio español,
y por Zamora y Aranda
la gloria, que es "polvo y sol";

cockleshell skiff sail-driven,
little white horses of brine;
a sherry-blended heaven,
Jerez of the Borderline:

all of them heard him singing
in the little level ways,
when Genaro went a-strolling,
reciting his simple lays!

"Off to the fair with me, mother!
He is singing, the Master, Genaro."
"Don't go too near him, my daughter,
The barb of his throat will snare you."

Acrostic Twenty-One
for a Peruvian child: 'To Margarita Ulloa Elías'

Though I'm absolutely an
Out-of-your-area man,
Margarita, I pursue
A conference with you
Revealing my hesitancies:
Giving (if I apply
Absence profitably)
Rhymes whose assonances
Imitate my aspiring,
Tough, tricky and tiring,
Audaciously loyal – to you.
Unusual wishes of this
Lass far away in Peru –
Look at her caprices,
Odd and well-known to you:
A line that ends with a *u*...
Emending, with one eye shut, she's
Lightened a poet's flat feet,
Imposing on him (how neat!)
Acrostics as his crutches. –
So I wonder, will this do?

y el caballito de sal
y la barquita velera,
y hasta el cielo amontillado
de Jerez de la Frontera,

lo oyeron cantar,
lo oyeron por los senderillos,
cuando Genaro decía
sus versos sencillos.

– "Madre, llévame a la feria:
Maese Genaro canta."
– "Hija, no te acerques mucho:
tiene anzuelo en la garganta."

Décimas en acróstico
para una niña peruana: 'A Margarita Ulloa Elías'

Aunque muy de "tierras lejas",
Margarita, quiero aquí
Aconsejarme de tí
Revelándote mis quejas.
Ganarás, si así me dejas
Aprovechar la distancia,
Rimas que, en su consonancia,
Imiten mi voluntad,
Terca en la dificultad,
Atrevida en la constancia.

Una niña del Perú
Locos afanes traía,
Lo que la niña pedía
Ojalá lo entiendas tú:
Acabar un verso en *u*;
Enmendar, cerrando un ojo,
Los pies de un poeta cojo;
Imponerle, en fin, con tretas,
Acrósticos por muletas. -
¿Sabes si logró su antojo?

About a Bite

It was a true chameleon, sent from a better sky:
It wore a new complexion as every day went by.

At first its blush was crimson, but later its attire
Turned into honest grime, as on the man who stokes the fire.

This is my explanation: it underwent, I'd say,
A red-to-black mutation, in a Stendhalian way.

Next came a dash of purple, to please His Eminence,
The tincture of a triple high post of consequence.

It blazed to mauve and russet, with bands of borealis,
And Newton's rings can't touch it, nor anything of Halley's.

Quite Juan Ramón Jiménez, this two-tone gold-and-mauve,
Quite suit-of-lights, the garnish of some bullfighter cove.

It might perhaps be arduous, in such a simple thing,
To say that what occurred was a "primrose yellowing",

With greenish streaks like grasses, and greyish jasper specks;
Like those that lapped Ulysses, its waves were circumflex.

From Scylla to Charybdis I stared, from peak to trough:
An eyeful for Odysseus! I couldn't get enough.

But nothing lasts forever: a gas must have an end:
And colours turn to vapours, which to the clouds ascend.

We know it fades and dwindles, extinguished finally,
The burning fiery brand-mark of infidelity:

The wondrous tale is ended, the noble story of
The bite that graced, so splendid, the backside of my love.

Para un mordisco

Propio camaleón de otros cielos mejores,
a cada nueva aurora mudaba de colores.

Así es que prefiriera a su rubor primero
el tizne que el oficio deja en el carbonero.

Quiero decir (me explico): la mudanza fue tal,
que iba del rojo al negro lo mismo que Stendhal.

Luego, un temblor de púrpura casi cardenalicio
(que viene a ser también el tizne de otro oficio)

se quebró en malva y oro con bandas boreales,
que ni el disco de Newton exhibe otras iguales.

Es muy de Juan Ramón esto de malvas y oros,
o del traje de luces de un matador de toros.

Y no sé si atreverme, en cosa tan sencilla,
a decir que hubo una "primavera amarilla",

con unas vetas verdes, con unos jaspes grises
en olas circunflejas como en el mar de Ulises.

¡Ulises yo, que apenas de Caribdis a Escila
– de un vertice a un escollo – saciaba la pupila!

Porque como es efímero todo lo que es anhelo,
el color se evapora y otra vez sube al cielo,

y ya sabemos que poco a poco se va
aun la marca de fuego de la infidelidá.

Y se acabó la historia. – Tal era la mordida
que lucía en el anca mi querida.

To Mercedes Reed

I'm here to list the graces
of one of the fairest ladies,
peerless Ms Reed, Mercedes:
I'll be a Fortunatus
if I don't miss out some phrases.
My exit line reduces
to a starting-point of Plato's,
whose screed pursues, diffuses –
I concentrate his thesis
that these two words condense:
Beauty and Excellence.

Romeo and Juliet, New Dialogue

Album of Aurora Díaz Paúl

As songs of skylarks go soaring
Up high, and a craving for day
Rocks the night with an outpouring
Of silver and gold and rosé,
Reply now: who can it be?
Aurora! who else but she?

Face and Cross of the Cactus
(Heads and tails)

To thank Carlos Pellicer for his botanical gift

FACE

Not Virgil's olive-tree of Rome.
For forcing locks and filleting;
a skyhook and a scaffolding
the gardener's neck is dangled from.

A Mercedes Junco

Quiero de Mercedes Junco
sumar las gracias aquí,
más que afortunado si
no dejo el sumario trunco.
Mi fin se reduce en un co-
mienzo, y el comienzo (*apud*
Platón, que da en plenitud
la síntesis que persigo),
en dos palabras lo digo,
que son: belleza y virtud.

Nuevo Diálogo de Julieta y Romeo

Album de Aurora Díaz Paúl

Alondras cantan, y ya
Un ansia de amanecer
Remece la noche y da
Oro y plata y rosicler.
Respóndeme: ¿Quién será?
– Aurora ¿quién ha de ser?

Cara y Cruz del Cacto

A Carlos Pellicer, para agradecer su ofrenda botánica

CARA

En lugar del olivo virgiliano,
la planta de cuchillo y de ganzúa,
y el árbol sirve de potencia y grúa
para izar por el cuello al hortelano.

Why is it Mexico has spawned
anger, the viper and the spike,
the twisting reed that forms a pike,
the talon on the gauntlet-hand?

The crude ore beckons us to come
and face our harsh mythology
beyond the honey and the comb.

So dismal is our alchemy
our native stone congeals with blood
that rises in a yellow cloud.

CROSS

Immovable and never old
sun-riddle of infinity,
that which the closely watching eye
refines to green and mellow gold.

The serpent too, composed and regal,
glass of its own first crime; comprised
in the myth-cactus; immunised
from its encounter with the eagle.

In solemn dusk in sombre dale
beside the snowdrift, up so high
that time refracts and light distends,

Eve stoops above her mate and male
to soothe his brow with sympathy.
Yet man and serpent greet as friends.

¿Por qué brotan del suelo mexicano
la cólera, la víbora, la púa,
la espadaña que en pica se insinúa,
la garra en guante adentro de la mano?

Torva mitología nos espera,
y el crudo mineral nos solicita
más allá de la miel y de la cera.

y la alquimia es adusta de manera
que la sangre en tezontle precipita
y sube en amarilla tolvanera.

CRUZ

No admite que se mueva ni se acabe
aquel solar misterio de infinito,
y el ojo que la mira de hito en hito
la purifica en oro verde y suave.

Así, serpiente reposada, grave,
hecha cristal de su primer delito,
sorbida por el cacto de su mito,
vacunada en su duelo con el ave.

En la tarde solemne, en el austero
valle tendido junto al ventisquero,
tan alto que la luz y el tiempo mudan,

Eva se inclina sobre el compañero
compadecida de su frente. Pero
la Serpiente y el Hombre se saludan.

To Sylvanus Griswold Morley

Leaving Berkeley

You are only in name sylvatic,
But your nickname fits like fate:
For your profile is Quixotic,
You're the Don of the Golden State.
I cannot recall discerning
Such wit, such polish and learning;
And (if I rely on a mental
Image) years do not overpower:
You remain in the span of each hour
A Methuselah perfect and gentle!

Thanks to S.G. Morley

for the colour photo of Bolton and
Reyes in doctoral robes, Berkeley
University Stadium, 24 May 1941

This image, Sylvanus, I see
of doctors, photo-graven:
colours of ermine and ebony,
ruby, pheasant and raven.
Thank you, I'm warned for ever!
Here's an extreme example
of sapient and simple:
this picture's my wise adviser,
no trick, no painting over.

A Sylvanus Griswold Morley

Despedida de Berkeley

Sólo en el nombre Silvano;
en el perfil, Don Quijote,
¡qué bien le acomoda el mote:
Quijote Californiano!
Otro no vi más urbano,
más sabio ni más cortés;
que al recordarlo después,
no se le alcanza la edad,
pues en breves horas es
Matusalén de bondad!

Gracias a S.G. Morley

*por la fotografía a colores de Bolton y Reyes,
en togas doctorales, estadio de la Universidad
de Berkeley, 24 de mayo de 1941*

Llega, Silvano, hasta mí
la imagen de los Doctores,
cuervo y faisán los colores:
ébano, armiño y rubí.
Ya tengo, gracias a tí –
para vivir advertido –
el parangón desmedido
del sabio y del mentecato,
que es un consejo el retrato,
no un "engaño colorido".

Complex

My friends, no matter where I go I'm followed by a bear.
He's only glimpsed obliquely by a sneaky sidelong glance,
He won't permit a frontal view, he has no tolerance;
I may seek him in the mirror, but I never see him there.

I cannot hear his footsteps: when I tread, he's treading too:
A constant threat, a witness to whatever I may do.
He isn't after anything; it fairly spooks me, though,
To know I'm followed by a bear, no matter where I go.

Trees

Cedars, beeches and birches,
mangroves, various conifers,
willows, ilex and quercus,
poplars and pines and junipers...

Trees, trees, trees,
parasols for the *badawi*,
or a line of police,
a border along the highway.

Barter your leaves and your fruit;
mix and mistake your destinies:
pears on an elm are not
always a mark of madnesses.

I know a rosebush whose roses
were traded for chirrups and trills,
and people in Buenos Aires
who come from the Apennine Hills.

When God is weary of orders,
of laws and boundary-lines,
he'll make the wines into bread-loaves
and the bread-loaves into wines.

Complejo

Amigos, dondequiera que voy me sigue un oso,
Un oso que se ve con el rabo del ojo.
Ni soporta ser visto de frente, ni lo puedo
descubrir cuando quiero mirado en el espejo.

No se oyen sus pasos, porque van con los míos.
Es como una amenaza constante: es un testigo.
Nada busca; pero me tiene medio loco
saber que dondequiera que voy me sigue un oso.

Árboles

Los álamos y los sauces,
los enebros, los encinos,
los robles, los abedules,
hayas, mangles, cedros, pinos...

Árboles, árboles, árboles,
parasoles de beduinos,
o policías formados
al borde de los caminos.

Trocad las hojas, los frutos;
equivocad los destinos,
que no es la pera en el olmo
cifra de los desatinos.

Que yo sé de algún rosal
que mudó rosas por trinos,
y sé de los italianos
que acaban en argentinos.

Cuando se nos canse Dios
de leyes, normas y sinos,
hará de los vinos panes,
hará de los panes vinos.

To E. G. M.

...fifty years a doctor

Poet, doctor, and . . . no way
that which people think and say
(Democritus and Plato said
every poet's off his head).
Here's the poet on parade,
doctor shyly in the shade.
All is well, and doubly well,
if his remedies control,
heal the body and dispel
hurt and poison from the soul.

To E. G. M.

The lonely soul has no defence,
still doesn't know it has gone down:
I am still lost in the immense
and chilly silence, all alone.

The songs I start are in suspense;
as if in agony, they drown.
I've learnt that sorrow can dispense
with songs and tears: I hadn't known.

Words were my banquets yesterday,
and noisy crowds were company;
now my mute query lacks reply.

Your hand, Enrique: grasp mine tight:
You told me: Silence rules, OK.
Your heart was right, your heart was right!

Mexico, 1939. Only published in 1947.

A E. G. M.

En sus 50 años de médico

Poeta, médico y... poco
de lo que habla la opinión
(pues Demócrito y Platón
sienten que el poeta es loco).
El poeta está en el foco,
y en la penumbra el galeno.
Muy bueno, dos veces bueno,
si la triaca, por igual,
del cuerpo remedia el mal
y del ánimo el veneno.

A E. G. M.

El alma en soledad está indefensa,
la ruta desconoce todavía:
todavía me pierdo en tan inmensa
desolación y en la quietud tan fría.

Amanezco a cantar, y la suspensa
canción se ahoga como en agonía:
yo no sabía que el dolor dispensa
de cantar y llorar, no lo sabía.

Si ayer me hacían las palabras fiesta,
y el ruido de la gente, compañía,
hoy pregunto sin voz, y no hay respuesta.

Enrique, pon tu mano con la mía.
Tú dijiste: – Callar, la ley es ésta.
¡Cuánta razón tu corazón tenía!

1939. Sólo publicado en 1947.

To Fernand Baldensperger

Sending him a pamphlet to thank him
for his verse dedication on Denina

To Baldensperger, the Master,
the sorcerer of letters:
the gadfly alights on his laurelled brow
not with bites but with caresses.

To Maria Rosa Lida de Malkiel, 1

who was playing with themes and
metres of Sor Juana

Maria, Rosa, Stella
– what a radiant trinity! –
lend their radiance, for she
shines herself and shines on me.
Does Sor Juana criticise
this newcomer who defies,
singing in her company?
In short order, go and tell her:
here's no rival, here's your stellar
sister: Rose-Marie!

To Maria Rosa Lida de Malkiel, 2

who walked among my books while reading
Alfonso the Wise and other authors

Mary Rose has left me a token:
her words whether written or spoken
delight me and I respond so:
I'm not the wise King Alfonso,
but a man of remembrance unbroken.

A Fernand Baldensperger

*Enviándole un folleto, para agradecer
su dedicatoria en verso sobre 'Denina'.*

A Baldensperger, el Maestro,
mago de las literaturas,
a cuya frente acude el estro
en caricias, no en mordeduras.

A María Rosa Lida de Malkiel, 1

*que jugaba con temas y metros
de Sor Juana*

María, Rosa y Estrella
– ¡qué radiosa trinidad! –
prestan su radiosidad
para alumbrarme con ella.
Si Sor Juana se querella
de quien hoy se desafía
cantando en su compañía,
díganle en punto a Sor Juana:
– No es tu rival, es tu hermana,
Estrella, Rosa, María.

A María Rosa Lida de Malkiel, 2

*que andaba entre mis libros a la vez que leía
a Alfonso el Sabio y a otros de sus autores*

Prenda de María Rosa,
de su pluma y de su labio,
correspondo a su gustosa
misiva con emoción,
que, sin ser Alfonso el Sabio,
soy el de la soledosa
recordación.

BRIEF NOTES – A Poetic Game

But let's dine, Inés,
If you wish, first of all
                BALTASAR DEL ALCÁZAR

EPIGRAPH

In shadowy shade
and gathering gloom
that the grove of the elm
and the dark night made,
a table was laid,
square, neat, redolent,
egregious in Rome,
in Spain, opulent.
        DON JUAN RUIZ DE ALARCÓN Y MENDOZA
                The Truth Not Trusted

1   IN PRAISE OF THE COOK

Mr and Mrs Neighbour
scrupulous weekly ration
honour of kitchen labour
cherished ways of the nation

now it's racquet in hand
now it's a manlier sport
waistline wars hard-fought
myth of the thyroid gland

Pallid pinched conformity

all who eat and drink today
oyez this philosophy!
smallness must be swept away

MINUTA – Juego poético

Pero cenemos Inés
Si te parece primero
BALTASAR DEL ALCÁZAR

EPÍGRAFE

Entre las opacas sombras
y opacidades espesas
que el soto formaba de olmos
y la noche de tinieblas
se ocultaba una cuadrada
limpia y olorosa mesa
a lo italiano curiosa
a lo español opulenta
DON JUAN RUIZ DE ALARCÓN Y MENDOZA
La Verdad Sospechosa

1   LOA DE LA COCINERA

El vecino y la vecina
el ahorro semanal
el honor de la Cocina
la tradición nacional

Hoy es cuando la raqueta
hoy es cuando las machoides
el afán de la silueta
y el mito de las tiroides

Edad pálida y enjuta

quién come y bebe hoy en día
de la abolida minuta
oíd la filosofía

2   APERITIF

Hostess and host conspire
in partnership exquisite
offer a drop of good cheer
melting the ice of the visit

3   ENTREMETS

Diamonds squares and circles
Cooks' College   metric measures
shellfish salt that inveigles,
vegetal salt's chaste pleasures

Gastronomic College of the South-East

4   TAVERN

First ten-liner

"I have here from these coasts
from these deserted shores
discovered by watch-towers
with fires and staging-posts
spider-crabs, spiny lobsters
sea-turtles shads and oysters
green shellfish yellow mackerel
which you shall eat with shaddock
holding tight like a sponge
its misbegotten pimples."
                    LOPE DE VEGA
                    The Visitor in his Own Land

2 APERITIVO

Colaboración exquisita
de la señora y del señor
funde el hielo de la visita
el copetín del buen humor

3 ENTREMESES

Cuadrilátero   rombo   disco
C.G.S.   Ley Decimal
la sal proterva del marisco
y la casta   del vegetal

C.G.S. – Colegio de Gastronomía del Sureste

4 BODEGÓN

Décima primera

"Aquí tengo destas cosas
por cuantas desiertas playas
descubren las atalayas
con sus fuegos y sus postas
las centollas y langostas
sabogas ostias tortugas
verderoles y lampugas
que comerás con toronjas
apretando como a esponjas
sus mal formadas verrugas."
LOPE DE VEGA
El Peregrino en su Patria

141

5 AUGUST GARDEN *(a flower basket)*

"...A proper flower basket in high summer should take after the plants' natural condition and look dusty, defeated and faded from heat, like everything else at this time.

"Like the one that adorns the first trellis on the right, going into the Parc de la Muette by the Avenue de la Reine Hortense.

"The utter lassitude of the season is expressed by *Centaurea Candidissima*, a pale matt leaf, almost white with dust and much the same on both the leaf's wrinkled surfaces. The whole effect of the basket will depend on this plant and another: the *Obelia Erinens*. Dry and delicate, with its little, harsh blue leaves, it will lose itself among the gaps in the oval foliage, up to the top of the pile. Dominant tone: muted. Now, bring it back to life: some smudges, rough and simply red and fiery, are needed. Here I have *Pelargonium Diogenes* (red): its five petals, worn out and coming apart, are giving way to the leaf of *Coleus, primor de Vilmore*, vinous and green and already bearing the wound of autumn. All this, assembled with no particular design, finds a harmony which, suitably adorned with its hues, challenges the noontides and siestas of August."

STÉPHANE MALLARMÉ
in his magazine The Latest Fashion

6 THE BREAD IN THE NAPKIN

Has a skylark has a dove
nested on the cloth to leave
      rare, still warm
      this oviform

In crumpled linen lurks
(or folded like a pelican)
the mystery God works
when flour takes on life for man

o skylark o dove
be near me I pray
give us our daily
bread this day

5 JARDÍN DE AGOSTO   *(una cesta de flores)*

"...Una legítima cesta de flores de pleno estío tendrá que tomar de la naturaleza misma de sus plantas ese aspecto polvoriento, vencido y palidecido de calor que todas las cosas deben ofrecer en este instante.

"Tal el que reviste el primer arriate de la derecha, según se entra al Parque de la Muette por la Avenida de la Reina Hortensia.

"La laxitud entera de la hora esta expresada por la *Centaurea Candidissima*, follaje pálido y mate, casi blanquecino de polvo y descuidadamente igual en las dos caras rugosas de la hoja. Todo el efecto de la cesta dependerá de esta planta y de otra: la *Obelia Erinens* que, seca y delicada, con sus florecillas de un azul duro, va a perderse, por entre los intersticios de la verdura oval, hacia la cima de la colinilla. Tono principal: empañado. Ahora, reavivarlo: algunas manchas, bruscas y sencillamente rojas y de fuego, son necesarias. He aquí el *Pelargonium Diogenes* (rojo) cuyos cinco pétalos consumidos y algo deshechos también dejan sitio a la hoja del *Coleus, primor de Vilmore,* vinosa y verde y como herida ya de otoño. Todo esto, amontonado sin un dibujo preciso, encuentra una armonía que se produce sola y que desafía, habilmente ornada de sus tintes, los mediodías y siestas de agosto."

STÉPHANE MALLARMÉ
en su revista La Última Moda

6   EL PAN EN LA SERVILLETA

Qué paloma   qué cotovía
sobre el mantel sabe anidar
y deja tibio todavía
el huevecillo singular

encarrujado el lino esconde
o bien plegado en alcatraz
el misterio de harina donde
la ley de Dios germina en paz

Oh paloma   Oh cotovía
nunca faltes donde yo estoy
El pan nuestro de cada día
        dánosle hoy

7 SOUP

...The Lord walks amid the stew-pots...
      SAINT TERESA

In home-happiness
of sun and green leaves
I roll up my sleeves
and sit at my place

Earth earthy terrain
in my heart deep down
I bless the soup, bless
that mother, its own

8 LITTLE DISH OF ALMONDS

Second ten-liner

You piously assist
the fully focused host
diminutive life-saver
you silver almond-salver

As one who breaks a heifer
or clod beneath a harrow
the tooth proceeds with vigour
into the captive marrow

The salt calls up saliva
which calls up chitter-chatter

9 SHERRY

Pale little finger
    rib-tickling teasing
knock-it-back zinger
    teasing rib-tickling

7 SOPA

.....Entre los pucheros anda el Señor...
SANTA TERESA

En buen romance casero
de verdura y de calor
con los brazos remangados
me siento a la mesa yo

Tierra terrena   terruño
del fondo del corazón
Bien haya el caldo y bien haya
la madre que lo parió

8 PLATITO DE ALMENDRAS

Décima segunda

Al huésped que se concentra
siempre tu piedad le acuda
oh cápsula diminuta
de plata para la almendra

Como se rompe la hembra
o abre la reja el terrón
entra el diente de rondón
hasta la pulpa cautiva

La sal llama la saliva
y ésta la conversación

9 JEREZ

Dedalito de gualda
      que   incita   escalda
"Entre pecho y espalda"
      que   escalda   incita

Oh if it's teasing
dingdong the bell rings
    in the Giralda

10   REMINISCENCE

"First was the chorus
of clarionets   then
citterns were heard
in the second stall,
sweet flutes from the third,
in the fourth, four voices
with harps and guitars"
                    RUIZ DE ALARCÓN

11   FISH

If "molluscs remind us of gender",
both nudging the sleeping Geiger,
a fish is sour spume of Cythera
and life's primordial odour

12   WHITE WINE

They think the blonde is less of a lass
that drinking the white is drinking less
            An error so crass
            is a sneer gone amiss

But   oh white wine   dance out of the glass
            Your wisest course
Cascading into the juice, the sauce

Ay que si escalda
suena la campanita
    de la Giralda

10 REMINISCENCIA

"Empezó primero el coro
de chirimías   Tras ellas
el de las vihuelas del arco
sonó en la segunda tienda
Salieron con suavidad
las flautas   de la tercera
y en la cuarta cuatro voces
con guitarras y harpas suenan"
                    RUIZ DE ALARCÓN

11 PESCADO

Si "los moluscos reminiscencias de mujeres"
y unos y otras la radioactividad dormida,
los peces   el amarga espuma de Citeres
y el aroma de cuando comenzaba la vida

12 VINO BLANCO

Piensan que la rubia es menos mujer
que beber del blanco es menos beber
    Para error tan craso
    burla y punto omiso

Mas   oh vino blanco   salta del vaso
    Lo mejor que puedes hacer
Es derramarte en el jugo del guiso

13   MEAT

Close-cropped glory of San Juan
cunning canine fangs of Cain
Heroes   Napoleon Caliban
Where   Wagram Verdun Junín Bailén

14   MATURITY
On a gentleman's comment to the lady on his left

"I quit the Bordeaux for the Burgundy"

Can I be turning romantic again
"So many young couples I've laughed at"

15   RED WINE

A general of plume and of epaulette
I loved like a poker, I thundered alarms
I blurted stentorian down the street
for Château Lafite
                    PRESENT.... ARMS

16   BIRDS
'*...adding a young pigeon on Sundays...*' – CERVANTES

Ring-dove or whatever
they call it today,
grey partridge a cartridge
took out, down our way,

and proud Juno's peacock
with truffle from earth
or cured ham *farci* –
abide, light collation,
my diet, my dearth,
for ever, with me!

13 CARNE

La cercenada gloria de San Juan
los astutos colmillos de Caín
Héroes   Napoleón y Calibán
Sitios   Wagram   Bailén   Verdún   Junín

14 MADUREZ
Escolio de un caballero a su vecina de la izquierda

– Me estoy pasando del Burdeos al Borgoño

Si me estaré volviendo romántico
"Yo que siempre de los novios me reí"

15 VINO TINTO

Fui General de airón y charretera
tizón de amores y trueno de alarmas
lancé   estentóreo   por la carretera
frente a Château Lafite
                        PRESENTEN… ARMAS

16 AVES
'…*algún palomino de añadidura los domingos…*' – CERVANTES

De torcaz o de "pularda"
que ahora se llama así
o de cualque perdiz parda
rastreada por ahí

y hasta de la altiva Juno
      el pavón
en trufa y tufo oportuno
o mechado de jamón
sean por siempre mi ayuno
y mi parva colación

Here's cheer, now my doctor's downgraded,
when my mood and my taste-buds are jaded
the walnut-soaked peacock how tender
the chicken with filberty flavour
Flamenco Museum you lost your power
you need the Mexican ball of salt flour

Dark leg or white breast
bread-wadded, wine-moist

17   VEGETABLES

He tells her – If love is thorny
that's the law of the finest bloom

She answers – Then why friendship
if it's only a modest legume?

18   APLOMB
On another gentleman's comment to the lady on his right

– They tell me at the very start   *My hands aren't warm*
I ALWAYS
            know I'll have them
                        I check it and confirm

19   SALAD

Lettuce tomato endive
honest onion lowly garlic
a wave of noble olive
oil, and a parsley shipwreck

Radish of camphor and ochre
pimento of vermilion:
avoid overweening vinegar
prefer the well-judged lemon.

Que como tenga al Físico abolido
me alivian el humor y la desgana
tierno el pavón de nueces imbuido
y el pollo con gusto de avellana
Oh Museo Flamenco reducido
cuando no en salsa mola mexicana

Y negra pierna o cándida pechuga
el vino empapa lo que el pan enjuga

17   LEGUMBRES

Dice aquél – Si el amor tiene espinas
eso es ley de las flores más finas

– Mas por qué la amistad – dice ésta –
si es tan sólo legumbre modesta?

18   APLOMO
Escolio de otro caballero a su vecina de la derecha

– Comienzan por decirme   *Tengo las manos frías*
Yo lo comprendo   y
              SIEMPRE
                        sé que van a ser mías

19   ENSALADA

Lechuga   tomate   escarola
cebolla honesta y ajo vil
de generoso aceite un ola
y náufragos de perejil

Rábanos de alcanfor y almagre
y pimiento de bermellón
y al desorbitado vinagre
preferid el cuerdo limón

20 CHEESE

...many fresh little cheeses
that spur the deep red wines
JOHN, ARCHPRIEST OF HITA

Coming and going
country and town
you know what you're doing
you're never astray

Twin poles combine
vulgar and fine
'I go with jam' 'I go with wine'
'I'm on my own,
        I do it my way.'

21 RONDEL OF THE SNOWY WELLS
[Camacho's wedding: in Don Quixote]

PERO MEJÍA   17th century   mentions them in his 'Dialogues' They were
popular in the early 18th with PEDRO CHARQUIAS   Whence our ice-creams

Of *alfónsigo*, that's pistachio,
the emerald and the gold
and more flavours clotted with cold
drunken kümmel and glycyrhizaccio

best to scoop with sheer braggadocio
the best bits, best to be bold,
of *alfónsigo*, that's pistachio,
the emerald and the gold

Yield, wedding of wealthy Camacho,
yield, glorious paintings of old
Veronese and masters untold,
to the splendour of frozen pistachio,
the emerald and the gold!

20 QUESO

...muchos quesuelos frescos
que dan de los espuelas a los vinos bien tintos
    ARCIPRESTE DE HITA

A la ida y a la vuelta
ciudadano campesino
tienes la moral tan suelta
que no pierdes el camino

Síntesis de polo a polo
vulgaridad refinada
– Yo siempre con mermelada
– Y yo con vino
        – Y yo   solo

21 RONDEL DE LOS POZOS DE NIEVE

PERO MEJÍA   siglo XVI   las cita en sus 'Diálogos'   Eran populares
a principios del XVII con PEDRO CHARQUIAS   De aquí nuestros helados

De alfónsigo   es decir pistacho
sinople y gualda las colores
y el frío cuaja otros sabores
regaliz y kummel borracho

Es mejor cortar sin empacho
donde están los gajos mejores
de alfónsigo   es decir pistacho
sinople y gualda las colores

Cedan las bodas de Camacho
y cedan las telas mayores
del Veronés y otros pintores
al fausto del frío pistacho
sinople y gualda las colores

22 FRUITS AND PRESERVES *[Molière, 'Les Ridicules Précieuses']*

From baskets and jars
two sisters not loves
rouged cheeks and the doves
on swooping corsage

Rousseau, his Greek myth,
the saucy and sporty
Pretentious Young Lady
who wept at the hearth

Let them dress the high table
with art and with paint
their life has been spent
with brushes of sable

23 LOVE *A lady speaks low to her other neighbour, on her right*

And when you have it all, I know
you'll disappear   and do it so
as to elude the snare
leave not one feather there

Leave your cigar still burning on
I'll understand that you have gone

24 OTHER DESSERTS AND DELICACIES

"He laid beside her in a plaited creel
freshly peeled almonds, between green and dry,
barely formed and set from celestial dew,
with a pat of butter reposing on green reeds,

and a small box, skilfully made from cork,
containing that blonde child of the hollow oak,
the honeycomb, where in each compact sector
Spring has bound to wax her sweetest nectar."
GÓNGORA *translated by John Dent-Young. By kind permission*

23 FRUTAS Y CONFITURAS

De la cesta y del pote
hermanas enemigas
carmín de las mejillas
palomas del escote

Rousseau y el mito griego
la fresca y la jugosa
Ridícula Preciosa
la que ha llorado el fuego

Consagren los manteles
en lienzo de pintura
las que han vivido en una
constancia de pinceles

23 AMOR   *Secreto de una dama a otro vecino de la derecha*

Y cuando ya lo tengas todo
desaparecerás   de modo
que en la liga   que no te enrede
ni una sola pluma se quede

Deja tu cigarro encendido
yo entenderé que ya te has ido

24 DE OTROS POSTRES Y GOLOSINAS

"El celestial humor recién cuajado
que la almendra guardó entre verde y seca
en blanca mimbre se lo puso al lado
y un copo   en verdes juncos   de manteca

En breve corcho   pero bien labrado
un rubio hijo de una encina hueca
dulcísimo panal   a cuya cera
su néctar vinculó la Primavera."

GÓNGORA

25 TRAY OF BONBONS

Wee jab like a chigger's
to die for, whenever
electron of sugar's
bombarding the liver

26 CHAMPAGNE

Soap as it's light
ink that can write
sprite as we quaff
lively enough

Take that one's foam
take this one's flavour
t'other one's vapour
lightning and dream

Yesterday can-can
tango today
faith of the flowers
growing in clay

Gorges of surfeit
chords that repine
pearls of an oyster
cast before swine

27 KITCHEN NOISE

1 *The petulant potboy*

Big names famous people
we grind 'em down level
plod on if it kills us!
I strain in my gullet
A wine sour and feeble

25 BOMBONERA

Gloria y punzada minúscula
en cualquier tiempo que sea
cuando el electrón de azúcar
el hígado bombardea

26 CHAMPAÑA

Jabón por lo leve
tinta porque escribe
hada porque vive
mientras se le bebe

Si de aquél la espuma
de ésta el sabor
de estotra la bruma
de sueño y fulgor

Ahora del tango
ayer del can-can
a fe que se dan
las flores en fango

Pecheras ahitas
y suspiros del arco y la cuerda
Perlas margaritas
para los animales de cerda

27 RUIDO EN LAS COCINAS

1 *Murmura el marmitón*

Celebridad   Qué disparate
aquí todo lo iguala el trillo
venga la paciencia y nos mate
mientras cuelo por el gaznate
el vinillo agrillo y ralillo

2   The sceptical scullion of Madrid speaks out to the skivvies

   A phrase of the sage Siddhapati's:
     Those females are all evil spirits
       who live as exquisites
   and drench in riojas and clarets
   Segovia's chorizo, revered Cantimpalos.

3   The crone by the fire   who does nothing   has the last word

"Just load up my brazier
with chestnuts and acorns
and tell me tall stories
of the King none was crazier
no monarch was dafter
we'll all shout with laughter"
                   GÓNGORA

28   A TOAST

Ding-ding-ding

This is your day: your friends are here
to strip you of years, like stripping bare
a fig-tree of figs, a chestnut of spines

With smiling lips, approve these lines!
'Nature,' said Mallarmé, 'takes care
to make you younger, year by year'.

*[A poem to Méry Laurent, 'blonde fulgurante', 'a summation of France's
Third Republic': enriched by the emperor's dentist, painted by Manet,
loved by these and by Mallarmé and Reynaldo Hahn and...]*

2   Dice entre las fregonas el pinche escéptico de Madrid

Lo dijo el sabio Cendubete
son las hembras demonios malos
para vivir de rechupete
mojar en riojano y clarete
el reverendo Cantimpalos

3   La vieja al fuego   que no hace nada   concluye

"…Tenga yo lleno el brasero
de bellotas y castañas
y quien las dulces patrañas
del Rey que rabió me cuente
       y ríase la gente."
                              GÓNGORA

28   BRINDIS

Tin-tin-tin

Llegó la fecha   y tus amigos
te ven despojarte de años
como de erizos los castaños
y como la higuera de higos

Tiende tu boca a nuestro afán
tu boca – dice Mallarmé –
"Où la nature prend le soin
de te rajeunir d'une année."

29   AFTER DINNER 1

A tale of a tangle

With permission of the ladies
I'm about to tell you a fable
to the end, or if I'm not able,
look in *Tall Tales*, Timoneda's.

Alexandria, noble city:
there was once a pair of neighbours
simultaneous mothers of babies
By a single nursemaid rural
these were nurtured one at each titty
and grew up together so equal
folk took them for twins, born dual
and both of them, if you follow me,
answered to one name, 'Ptolemy'

One of them had a sister
they all were playmates together
and only by their vesture
could she tell the one from the other
and if they swapped their clobber
good heavens what an imbroglio
it's Góngora's two-trick rubber
I daren't go on with this story
punto finale   non voglio

30   AFTER DINNER 2

A tale of field sports

Timoneda's *Rovers' Balm*
has a small omission
it's a Doctor (no, be calm!
bygone days, 'physician')

160

29   SOBREMESA 1

Historia de enredo

Con permiso de las faldas
voy a comenzar un cuento
el final   si no lo acabo
buscadlo en *El Patrañuelo*

En la noble Alejandría
y las dos a un mismo tiempo
dos vecinas retoñaron
cada una su renuevo
De una nodriza del campo
se criaron a los pechos
y crecían tan iguales
que los juzgaban gemelos
La gente para llamarlos
les llamó Los Tolomeos

Uno tenía una hermana
ella jugaba con ellos
Sólo por las vestiduras
acertaba a conocerlos
Si ellos cambiaban los trajes
válgame Dios cuánto enredo
…Las "bellaquerías"   Góngora
y todo lo que sabemos…
No me atrevo con la historia
punto final   No me atrevo

30   SOBREMESA 2

Historia de caza

De ésta se olvidó Timoneda
en su *Alivio de Caminantes*
Era un Doctor   nadie se ofenda
de aquellos que se usaban antes

Doctor would a-hunting go
sportsman's breeks of chammy
dog and ferret, horn, troupeau
feather in his tammy

'View the vixen! View the hare!'
Beaters raise a racket
doctor's tally blank and bare
every ball off target

Suddenly a cry proclaims –
'View the sickly client!'
Straight at last our Galen aims,
bringing down his patient.

31   AFTER DINNER 3

Evocation of Madame de Staël

The lady mourns her banishment
by lightning-thrust of Bonaparte
it was his worst mismanagement
he blasted that salon apart...

That King of Swords yes King of Spades
attacked the Queen of Hearts
her weary tears run in cascades
as polished wit departs

The perfect flower is Table-Talk
the first and greatest art
the human voice provides the stalk
the flower is life and heart

El Doctor se iba de caza
luciendo calzas de gamuza
perro y hurón   cuerno y compaña
y en el gorro la airosa pluma

– Cata la liebre   la raposa –
gritaban las ojeadores
pero a la escopeta doctora
le fallaban los perdigones

De súbito un grito que anuncia
– Cata el enfermo   cata el cliente –
De esta vez el Galeno apunta
y deja tendido al paciente.

31   SOBREMESA 3

Evocación de Madame de Staël

Llora la dama su destierro
Bonaparte hincó la centella
pero fue su más grande yerro
fulminar la tertulia aquella…

Acometía el Rey de Espadas
a la Dama de Corazón
que llora lágrimas cansadas
huérfana de conversación

Charla   El último rendimiento
el arte prima y soberana
No hay otra flor   la flor de aliento
y el tallo de la voz humana

32   COFFEE

Third ten-liner

They say with the very same filter
and the identical roast
and adding the cream that's whiter
because of its higher cost
somebody gets it wrong
and somebody gets it right
and if some are stimulated
by coffee, some are defeated:
erratic Arabian warrior,
careering powder-carrier

33   LIQUEURS

Allegory of blazons
and banners of the nations
In little ships pavilioned
the weaponry equivalent
of all the League of Nations

Quintessen-spice-sensations
a spectral round of perfumes
cacaos   mints   and lemons
Reduced to inhalations
the taste and tang of legumes

Sommelier pours the liquor
The trickery of mirrors
acts as a mulitiplier
Marconi lights from yonder
the hundred blobs of colour

32 CAFÉ

Décima tercera

Cuentan que con filtro igual
y con idéntico tueste
y untando   porque más cueste
el butiro candeal
lo que uno acierta mal
otro a derechas lo acierta
y que si a unos despierta
a otros rinde el café –
guerrero árabe que
corre su pólvora incierta

33 LICORES

Allegoría de blasones
y de banderas nacionales
En barquitos de pabellones
da sus armamentos iguales
la Sociedad de Naciones

Quinta-especia de sensaciones
ronda de aromas espectrales
mentas   cacaos y limones
Deshechos en inhalaciones
los apetitos vegetales

El sumiller tasa el licor
El engaño de los espejos
hace de multiplicador
y Marconi enciende de lejos
los cien globitos de color

Translation of Stéphane Mallarmé

The spirit all subsumed
by my slow breath consumed
between each smoky ring
on t'other perishing

attests the sage cigar
that burns on just the same
though ash goes falling far
from its bright kiss of flame

So the songs and romances
flutter up to your lip
choose the dearest instances
reality's vile   let it slip

Precision's the erasure
of your vague literature

34 TABACO

Traducción de Stéphane Mallarmé

Toda el alma resumida
cuando   lenta   la consumo
entre cada rueda de humo
en otra rueda abolida

El cigarro dice luego
por poco que arda a conciencia
La ceniza es decadencia
del claro beso de fuego

Tal el coro de leyendas
hasta tu labio aletea
Si has de empezar   suelta en prendas
Lo vil   por real que sea

Lo muy preciso tritura
tu vaga literatura

[Toute l'âme résumée / Quand lente nous l'expirons
Dans plusieurs ronds de fumée / Abolis en autres ronds

Atteste quelque cigare / Brûlant savamment pour peu
Que la cendre se sépare / De son clair baiser de feu

Ainsi le chœur des romances / À la lèvre vole-t-il
Exclus-en si tu commences / Le réel parce que vil

Le sens trop précis rature / Ta vague littérature.]

35 POLES OF EXCESS

Small ten-liners   Big remedies

Time of ashes   Now the tongue
smacks the palate, made aware
of the acid realgar
surging, splashing, slashing strong:
through the bowel gusting bitter
makes the suffering scaredy-cat
hush it up dissimulate
asking for the get-you-better
asking for bicarbonate.

Other time   parishioner
useful friend of aspirin
makes demands of medicine
but of hygiene wouldn't dare.
Swiftly swallowed down the pill
works its prestidigitation
water in the corner too
flushing lightly debonair
for a sore head is taboo
with a dinner invitation

36 SORT OF BALLAD OF THIRST

Midnight

Doors swing: the thralls of tops and tails
are on the march in search of cuties
It's party time for frosted glasses
the glowing punchbowl has new duties
The champion talker reefs his sails
an angel passes   thirst assaults
while Scotland seethes its brew of malts,
the tropics orange and lemon squashes

35 POLOS DEL EXCESO

Pequeños décimas   Grandes remedios

Hora ceniza   Ya se pega
la lengua en el paladar
cuando sabe a rejalgar
la acidez que nos anega
Como un cuchillo juega
por la entraña el acre flato,
y el doliente timorato
disimula y secretea
pidiendo la panacea,
pidiendo el bicarbonato.

Otra   tan menesterosa
feligrés de la aspirina
reclama a la medicina
lo que a la higiene no osa
Traga el botón presurosa
y es prestidigitación
el agua que en un rincón
apura con ligereza
porque es tabú la cabeza
en cena de invitación

36   CASI BALADA DE LA SED

Medianoche

Giran las puertas   Empezó la marcha
de los lacayos de cola y pechera
Juegan al corro las copas de escarcha
cambia de oficio la rubia ponchera
Cuando rebaña ya la faltriquera
el campeón de las conversaciones
y pasa un ángel   y la sed asalta
Escocia surte su fervor de malta
y el trópico naranjas y limones

A curtain ruffled by the breezes
is soothed on sideways balconies –
perhaps, perhaps not, someone closes –
again the loud discordant noises
O wolf's-bane, linseed, kindnesses
remedial for internal bruises
A home-grown draught no less exalts
though Scotland seethes its brew of malts
the tropics orange and lemon squashes

Envoi

Prince   Not too little nor too much is
here: in calm rooms no noise of glasses
no soda-bubble somersaults
and Scotland seethes no brew of malts,
the tropics no orange and lemon squashes

37   CLOAKROOM

Thoughts of tiredness

We've the right (keep it short)
to turn off the soul
misty muddle of thought
and be thought-free, heart-whole

I'm prone to let slip
this token or chip
I'm holding a cipher
that's worth a silk hat

Look at the power, instinct
in a talisman fragment of board
armies of ermine, otter and mink
it puts them all to the sword

…Sudden magic trick
muddle cleared away
Tinkle of the tip
falling on the tray

Una cortina que el viento menea
al entornado balcón se solaza
y que lo cierren otra vez   no sea –
y otra vez el bullicio y la algaraza
Oh piedades de árnica y linaza
para las intestinas contusiones
Trago que al par que domestica exalta
Escocia surte su fervor de malta
y el trópico naranjas y limones

Envío

Príncipe   Nada sobra y nada falta
Se van apaciguando los salones
Ya ni en la soda la burbuja salta
ni Escocia surte su fervor de malta
ni el trópico naranjas y limones

37 VESTUARIO

Ideas de fatiga

No es ilícito soltar
el grifo al alma un momento
Neblina de pensamiento
que nos cura de pensar

Fácil divagar así
Ficha   símbolo   moneda
vale un sombrero de seda
la cifra que traigo aquí

Miren la fuerza que ata
un talismán de cartón
De armiño nutria y visón
sendos ejércitos mata

…Por ensalmo se despeja
de repente la neblina
Suena sobre la bandeja
el timbre de la propina

38   CARRIAGES

"Now horses are sure
you're set to depart
so horseshoes explore
the cobble-clad yard"
                    ALARCÓN

39   PRAYER   *Popular press*

Dance on my hearth
San Pascual Bailón
hear holy patron
my orison

It was halfway through the morning
Pascual was in the garden
he was rubbing down his apron
or scrubbing tableware
the nuns were busy praying
in their due hour of prayer
the smiling cook was hearing
a bird sing in the air
Then rapidly returning
there's dinner to prepare
he's baffled to discover
no convent kitchen there
Ah in that fatal instant
centuries passed away
and now instead of the convent
there's a soldiers' barracks today

You are the cook the cook who
in consecrated liquor
inebriates and marinates
the spiritual fritter

38 DESPEDIDA

"Ya los caballos están
viendo que salir procuras
probando las herraduras
en las guijas del zaguán"
                    ALARCÓN

39 ORACIÓN   *Estampa popular*

        Baile en mi fogón
        San Pascual Bailón
        Oiga mi oración
        mi santo patrón

Era por media manaña
y era   en el huerto   Pascual
que si fregaba la loza
o lavaba el delantal
Las monjas   a sus oficios
ocupadas en rezar
y el cocinero sonríe
porque oye un ave trinar
Pronto vuelve el cocinero
que era tiempo de guisar
Se hace cruces   y no encuentra
la cocina conventual
Ay que pasaron cien años
en ese instante fatal
y hoy en vez del monasterio
hay un cuartel militar

Cocinero   cocinero
que en vino de consagrar
emborrachas y cocinas
la fritanga espiritual

You Eucharistic saint
you raise the bread unleavened
in ball-cup or in bowl
ciborium transcendental
most absolutely seasoned
unsalted and unsweetened.
The meanest of dishes
you make it the richest
With John's holy dove
at the table of Peter
you stir and you stuff
the Emmanuel Stew
it's your Lamb   Pascual!

You are the cook the cook who
forgot about the kitchen
a bird was singing all you did
was take a walk and listen
The months and years were passing
you never came   indeed
all thought the sight amazing
who journeyed on that road
for there in cap and apron
a white salt statue stood
immobile   almost rooting
extruding at your footing
that enviable beard

You are the cook the cook who
landed us in this mess
Settle it now, we want to
pardon you   so confess
The 17th day of May-time
they call it a fatal day
For some, it is natally fatal
to be born on that natal day
they believe it's a voice from heaven
whenever they hear a song
they forget what is prudent, even
abandon their hearth and home
their name they should remember

Santo de la Eucaristía
que saltas ázimo el pan
en el boliche o balero
del copón trascendental
y en la sazón absoluta
— sin azúcar y sin sal —
haces que el manjar más pobre
sea el más rico manjar
Tú que en la mesa de Pedro
con la paloma de Juan
mechas el guiso-Manuel
de tu cordero   Pascual

Cocinero   cocinero
te olvidas de cocinar
Un ave cantaba   y todo
se te iba en escuchar
Pasaban meses y años
Y tú non volvías más
De fijo los caminantes
se asombraban de mirar
al que   en mandil y bonete
cándida estatua de sal
ya casi echaba raíces
de tanta inmovilidad
creciéndole por los suelos
aquella barba caudal

Cocinero   cocinero
de ti nos vino este mal
Arréglatelas ahora
para hacernos perdonar
El diecisiete de mayo
dicen que es día fatal
Los que en tal fecha nacieren
nacidos en día tal
creen que les habla el cielo
cada vez que oyen cantar
se olvidan de sus provechos
dejan su casa y lugar
de su nombre no se acuerdan

they can't remember their name
when the bird that sings in heaven
is singing its song for them

Dance on my hearth
San Pascual Bailón
hear holy patron
my orison
give me remission
for all my wrong

...Dinner is over
On with the coats —ALCÁZAR

NOTE ON SAN PASCUAL BAILÓN

The best hagiography studies the legend on the lips of the people, without too much concern to polish it. That's how the supernatural life of the saints accrues: not as historical fact, but as folklore for the divine, the uncertain flower of many imaginations. Sometimes the life of one of the elect is contaminated or confused with another's. Scholars admit to not knowing why it is that San Pascual can become a sort of major-domo of homestead and board, a St Dogsbody of the Carving-Knife and Fork. Can't they see that the greatest cook is the one who prepares and serves the holy bread in the sacrifice of the Mass! For San Pascual is, by another name, the Saint of the Eucharist. Never mind! The San Pascual I learnt about as a child from plain and humble people – that San Pascual with his Rip van Winkle embellishments, 'a cook first, a friar second' – does more for virtue of the soul than the actual son of Martín Bailón and Isabel Jubera, born at Torrehermosa, in the province of Zaragoza, on 17 May 1540.

Qué se habían de acordar
cuando canta para ellos
el pájaro celestial

Baile en mi fogón
San Pascual Bailón
Oiga mi oración
mi santo patrón
y de mis pecados
me dé remisión

…Hecha es la cena
Levántense los manteles – ALCÁZAR

NOTA SOBRE SAN PASCUAL BAILÓN

La major hagiografía consulta la leyenda en labios del pueblo, sin pretender apurarla demasiado. Así crece la vida sobrenatural de los Santos: ya que no realidad histórica, folklore a lo divino, flor indecisa de todas las imaginaciones. Acaso la vida de un elegido se contamina o confunde con la de otro. Los tratadistas confiesan ignorar las razones que pueden hacer de San Pascual algo como un celeste mayordomo de casa y boca o Santo Varón de Trinchante y Cuchillo. ¡Como si no vieran que el mayor cocinero es el que adereza y sirve, en el sacrificio de la misa, el pan sagrado! Porque San Pascual es, por antonomasia, el Santo de la Eucaristía. ¡Qué más da! El San Pascual que me enseñaron de niño gentes humildes y sencillas – un San Pascual con sus ribetes de Rip Van Winkle y "cocinero antes que fraile" – es más eficaz a manera de virtud del alma que el verdadero hijo de Martín Bailón e Isabel Jubera, nacido en Torrehermosa, provincia cesaraugustana, el 17 de mayo de 1540.

Romances of

Rio de Janeiro

1932

Romances del

Río de Enero

1932

River of Forgetting

Rio de Janeiro, Rio,
you were river, you are sea:
what runs rolling down to Rio
rolls back slow, so easily.

In your breast the daylight ripens
with eternity of calm:
for each hour your hand unfastens,
back an hour or more will come.

The cloudbanks filter your mountains,
sponges of clearest light;
you rarefy even the swansdown
that the tempest throws in the dirt.

What annoyance can withstand you,
if at every salty taste
your breezes are all sugar-candy,
your light pure, honest and chaste?

Land runs into water, playing,
city touches virgin ground,
darkness enters into evening,
nothing stays their open hand.

Next to the household's murmur
song of your thrush, the *sabiá*;
woman and fruit, one aroma,
two emanations there.

Whoever once has known you
finds in you his solace,
whoever has rested in you
has forgetting of all else.

Let the soul in its disorder
seek your clear crystal calm;
let sleep rain down from the nodding
head of your royal palm.

Río del olvido

Río de Enero, Río de Enero:
fuiste río y eres mar:
lo que recibes con ímpetu
lo devuelves devagar.

Madura en tu seno el día
con calmas de eternidad:
cada hora que descuelgas
se vuelve una hora y más.

Filtran las nubes tus montes,
esponjas de claridad,
y hasta el plumón enrareces
que arrastra la tempestad.

¿Qué enojo se te resiste
si a cada sabor del sal
tiene azúcares el aire
y la luz tiene piedad?

La tierra en el agua juega
y el campo con la ciudad,
y entra la noche en la tarde
abierta de par en par.

Junto al rumor de la casa
anda el canto del sabiá,
y la mujer y la fruta
dan su emanación igual.

El que una vez te conoce
tiene de ti soledad,
y el que en ti descansa tiene
olvido de los demás.

Busque el desorden del alma
Tu clara ley de cristal,
sopor llueva el cabeceo
de tu palmera real.

As travellers do, I carry
in my baggage my hearth:
I am captain of a vessel
with no navigation chart.

All I ask, Rio de Janeiro,
your consent, in my time of test:
let me wander on your beaches
when my ship is wrecked and lost.

– The hand went to the forehead
hoping to bring surcease.
Not the hand, it was the wind.
Not the wind, it was your peace.

To and Fro in Santa Teresa

Up in Santa Teresa
gadabout shuttle-blade
moon in the mesh of tree-limbs
weaves the trellis-shade.

Eyes in the clamp of lashes,
captive and yet at large,
fleeing away to ashes,
inviting peace, wage war.

A youth, slim, small, swarthy,
hipped on his mandolin,
not ready to go steady,
thrills, clasps a little queen.

Woman grasped in the hour
freely yields, though another's:
all is transient, fluid,
leaving from where it lingers.

Que yo como los viajeros
llevo en el saco mi hogar,
y soy capitán de barco
sin carta de marear.

Y no quiero, Río de Enero,
más providencia en mi mal
que el rodar sobre tus playas
al tiempo de naufragar.

– La mano acudió a la frente
queriéndola sosegar.
No era la mano, era el viento.
No era el viento, era tu paz.

Vaivén de Santa Teresa

Va tejiendo el emparrado
– espada de lanzadera –
enramada, "corretona"
luna de Santa Teresa.

Entre pestañas prendidos,
mientras huyen en pavesas,
presos y libres los ojos
convidan paz y dan guerra.

Y tiembla un negrito enjuto
y en su guitarra se enreda,
novio en fuga que se abraza
con una mujer pequeña.

Mujer trabada en la hora,
libre aunque se da, y ajena...
¡Cómo todo fluye, y todo
se va de donde se queda!

Drops of essence are oozing
from the trees' goblet-blooms:
another time is renewing
at the time it self-consumes.

The sea runs off beneath us
in the very light it delivers,
runs off but cannot leave
the land and its hands' embraces.

The horseman of the wind
goes by on his lively mare:
or not – he is in the shade,
jabbing and jangling his spurs.

Something proceeds through life
pretending to disappear:
a coming and going, both
a leaving and staying near!

This being close to me
though she died years ago!
This fooling everybody
like a bolt from Zeno's bow!

Time entangles the word,
the song succumbs to sloth;
angels with delicate tread
deign to descend to earth.

– Noiseless moon up above,
heron, a prey self-caught:
through arabesques of leaves
it runs and rolls… or not.

De las copas de los árboles
escurren gotas de esencia:
a la vez que se consume,
otra vez toda comienza.

Abajo se escapa el mar
en la misma luz que entrega,
y aunque se escapa, no sale
de las manos de la tierra.

Pasa el jinete del aire
montado en yegua fresca,
y no pasa: está en la sombra
repicando sus espuelas.

¡Eso que anda por la vida
y hace como que se aleja!
¡Eso de ir y venir, eso
de huír y quedarse cerca!

¡Eso de estar junto a mí,
y hace años que estaba muerta!
¡Eso de engañar a todos
como Zenón con su flecha!

Se enlaza el tiempo con la voz:
la canción tiene pereza.
Con ágiles pies, los ángeles
se dejan venir a tierra.

– Voladora y quieta luna,
garza de sí misma presa,
entre arabescos de hojas
va y no va, rueda y no rueda.

Chastity

A liar: below her eyes
the prickling heat like a wound;
and with a radiance
in her eyes, she importuned.

If in the teasing of talk
she was all insinuation,
her desire did not take after
her promising conversation.

Her hand forgot itself
in the course of a discussion,
but returned to her again:
no forgetting, no confusion.

Every bud that had been crushed
burgeoned again in her bosom,
concealing and revealing,
wherever you looked, a lemon.

It was in mid-December,
greatest weight of the sun,
when suddenly the breezes
were contrary, meddlesome.

With the jingling of cicadas
all the air was a-quiver;
in the pauses of silence
the silence was the greater.

The earth was amassing honeys
in gentle fecundation.
Life lazy and abundant
lay low without expression.

I realised that the songbirds,
even as they were strewing
voices on voices on voices,
did not desist from singing.

Castitad

Mentía con las ojeras
escarbadas de calor,
atajando con los ojos
como con un resplandor.

Si en la cosquilla del habla
era toda insinuación,
la voluntad no seguía
las promesas de la voz.

La mano se le olvidaba
entre la conversación,
pero volvía por ella:
no se le olvidaba, no.

Le reventaba en el seno
cada estrujado botón,
escondiendo y ostentando
a cada lado un limón.

Era por medio diciembre,
cuando pesa más el sol,
y de repente la brisa
se metía de rondón.

De sonajas de cigarras
todo el aire era un temblor,
y en las pausas de silencio
el silencio era mayor.

La tierra juntaba mieles
en mansa fecundación.
Lenta y abundante vida
latía sin expresión.

Adiviné que las aves
no acababan la canción,
en lo mismo que ensartaban
una y una y otra voz.

I realised that the clouds
wandered without direction;
I realised that all things
repent of their intention.

That also the red of daring
ends in the red blushing face,
halted there, and in nature
temptation itself is chaste.

– I find now I enjoy her
and I handle her better;
I watch her, and let her talk,
no hustling, no dilating.

Contrast and Dream

Why seek a reviving elixir
– don't look for an answer from *me* –
in a cigar's asphyxia
and coffee's acerbity?

The ukulele is grieving,
they ask it for something cheerful.
Not having entails not giving:
it only knows how to be tearful.

One lover wants no more heart's-ease,
no more solace, than to have woven
in a delicate network of tears
the effigy of a woman.

Another is gasping, expiring,
but he doesn't go out to court her:
his one idea's to be steering,
blind drunk, to the red-light quarter.

See them put some music to passion,
fit the cat with a jangling clapper,

Adiviné que las nubes
erraban sin dirección;
adiviné que las cosas
arrepienten su intención.

Que también la audacia roja
pára en el rojo rubor,
y que en la naturaleza
es casta la tentación.

– Hallo que ahora la gozo
y la rodeo mejor;
la miro, y la dejo hablar,
sin prisa, sin dilación.

Contraste y Sueño

¿Para qué buscar alivio
– no lo sé, yo no lo sé –
En la asfixia del cigarro
y el amargor del café?

Al doliente cabaquiño
van a pedirle placer:
nadie da lo que no tiene:
sólo sabe llorar él.

No quiere el enamorado
más consuelo que tejer
con frágil malla de lágrimas
una imagen de mujer.

El otro muere de anhelos,
y en vez de buscarla ¿qué
se le ocurre sino andar
borracho por el burdel?

Pongan a la pasión música
y al gato su cascabel;

leave time for a nimble evasion
by a very lucky escaper!

What a milksop disappointment,
what a dismal failure to fire!
What pusillanimous judgment,
not to seize what they claim to desire!

When daybreak has halfway broken
and the morning sky is half red,
the half-hearted man at one stroke can
be seen getting half out of bed.

He half knows what he is planning
he half approaches his task
and when night has halfway fallen
what's done is done, and it's past.

Can it be that the water of dreaming
is that by which thirst is abated,
the one we hear covertly streaming,
the one that has never been sighted?

So among the wise he is wiser
who flees from the honey's caress,
seeking instead, for his pleasure,
a contrast, a bitterness.

Firm of purpose, by his unmoving
Achilles reveals his value;
Penelope, by her unweaving.
I forgot what I meant to tell you.

den tiempo para que escape
lo que iban a coger.

¡Oh que insípida desgana,
oh que desmayar! ¡Oh qué
poco ánimo de asir
lo que confiesan querer!

Cuando medio nace el día
y medio va a amanecer,
el medio afanoso medio
deja el lecho de una vez.

Medio sabe lo que intenta,
medio anda en lo que va a hacer…
Y cuando medio anochece,
ya lo que se fue se fue.

¿Sera que el agua soñada
es la que apaga la sed?
¿La que retumba escondida
y nadie la puede ver?

Sabio, entonces, aquel sabio
que no se queda en la miel,
y busca para su gusto
el contraste y la acidez.

– Aquiles da en desandar;
Penélope, en destejer.
Yo tenía que decir
algo, cuando lo olvidé.

Lonely Longing

Gardener, what do you gain
destroying each nursery of seedlings?
You only sow and uproot
the bushes of good intentions.

How lonely you pass through life!
A hundred cities befriended:
In each you created loves,
but each of them, you abandoned.

From the Cerro de la Silla
to the foot of the Sierra Madre
runs the line of your *familia,*
an invisible thread, *compadre!*

Woven into the memories
of all the years you passed
is Madrid, the City of Palaces:
skies of Castile, so vast.

If there by the Guadarrama
your friendship left some traces,
you know what you can remember
from Sainte-Geneviève in Paris.

The River Plate's tawny water
– tawny with clay, not crystals –
that is the urn of your teardrops:
may it pity you and your sorrows.

May grief take the Corcovado,
where today your banner is planted,
for your hands outstretched and pleading,
and your bleeding heels abraded.

They say that in tropical waters
there wanders a straying vessel;
the sea has made her a lover,
she is aided by the breezes.

Saudade

¿Qué procuras, jardinero,
si cada plantel deshaces
y sólo siembras y arrancas
arbustos de voluntades?

¡Que sólo vas por la vida,
amigo de cien ciudades!
En todas criabas amores,
pero todas las dejaste.

Desde el Cerro de la Silla,
al pie de la Sierra Madre,
corre el hilo de tu cuna
como un invisible estambre.

Se enreda entre las memorias
de los años que pasaste,
la Ciudad de los Palacios
que tiene un cielo tan grande.

Si allá junto a Guadarrama
deja tu amistad señales,
junto a Santa Genoveva
hay los recuerdos que sabes.

Fulva la onda del Plata
– de arcilla y no de cristales
propia urna de tus lágrimas,
tenga piedad de tus males.

Tenga cuita el Corcovado,
donde hoy tu bandera plantes,
de tus talones heridos,
de tus manos implorantes. –

Dicen que en el mar del trópico
anda una errabunda nave;
dicen que el mar la enamora,
dicen que le ayuda el aire.

They say that a grain of sand
is lost among its fellows,
that foliage on a tree
is a muddle of lookalike faces.

Here a man has gone missing:
let any who find him say so.
He rowed his boat among menfolk
and now there is none to trace him.

– Irony of remembrance,
one door to go out and in:
he wept for his hours that perished,
he thought they were flourishing!

Dark Lady

Swarthy nut of Brazil,
you chestnut of Marañón:
you are roasted with oil
anointed by the sun.

From mythology's algae
and the salt's attacking
in crucible of the sea
your tint is of roasting.

Oil-rich virgin unhurt,
whose radiance is profound,
you go to quench the daylight,
now carbon, now diamond.

In the sweat of the sand
is not the flower consumed?
No, not consumed, but the stem
swells and the bud is formed.

Mystery: fruit and ash;
ash with no bitter taste,

Dicen que el grano de arena
se pierde entre sus iguales,
y se confunden las caras
de las hojas de los árboles.

Aquí se ha perdido un hombre:
dígalo quien lo encontrare.
Entre los hombres bogaba,
ya no lo distingue nadie.

– Ironía del recuerdo,
que entra por donde sale:
¡lloraba sus horas muertas,
y las tenía cabales!

Morena

Trigueña nuez del Brasil,
castaña de Marañón:
tienes la color tostada
porque se te unta el sol.

De las algas mitológicas
en el marino crisol,
como la sal se te pega
tienes tostado el color.

Ilesa virgen de aceite,
lámpara de hondo fulgor:
sales a apagar el día,
ya diamante, ya carbón.

En el vaho de la arena
¿no se consume la flor?
No se consume: se alarga
el tallo, rompe el botón.

Misterio: ceniza y fruta;
ceniza sin amargor,

fruit rough with the harsh
scents of powders and paste.

On the arms, benzoin and myrrh;
savour of clove on the teat:
he reaps a spice superior
who travels the Indies route.

I'll surely set sail and follow,
feeling myself a discoverer,
a pupil of Marco Polo
or the Genoese Cristóforo.

'Land!' I cry: in the refuge
of the clay of your birth,
the caravel is attaching
its keel to the mooring-berth.

Land of the dark receives me
in silent germination,
where the trees are leaping
like rays of an explosion.

Thunder of God! In that hour
of God's thunder, I return,
that's my fortune and my venture,
to the shade where I was born.

Silver pieces, be silent,
when you hear the cry:
'You daughters of Jerusalem,
The copper penny am I.'

fruta áspera con acres
aromas de tocador.

Mirra y benjuí por los brazos,
gusto de clavo el pezón:
quien hace la ruta de Indias
corta la especia mejor.

Cierto, tenderé la vela:
me siento descubridor,
alumno de Marco Polo
y de Cristóbal Colón.

– ¡Tierra! – grito, y en el seno
del barro que te crió,
hinca ya la carabela
la quilla y el espolón.

Tierra oscura me recibe,
en sorda germinación,
en la que saltan las árboles
como rayos de explosión.

Truena Dios, y mi ventura,
al tiempo que truena Dios,
está en volver en la sombra
donde he nacido yo.

– Callen las onzas de plata
Cuando se escucha la voz:
'Hijas de Jerusalén,
el sueldo de cobre soy.'

Off Balance

The water's almost freezing
at seventeen, just over!
The norms are in confusion,
it seems I start to shiver.

It seems the light is ominous
as if in Scandinavia
because a great cloud's menace
coils on the Corcovado.

It seems the earth must suffer
full planetary terror
because a leaden ocean
suspended it in nowhere.

It seems that anger rattles
its quiverful of missiles,
because all in a twinkling
you'd had enough of smiling.

And though I breathe, it seems
I suffocate and weaken;
it seems I'm giving chase,
not nearing, not advancing.

Life lurched and swayed and tottered,
up at some higher level,
vertiginous, constricted,
breathless in errant breezes.

And was it storm and tempest
or you, cloud-furrowed, frowning?
And was it you who brandished
the lash and flash of lightning?

So sensuous, so pampered,
the countryside was polar,
so very unaccustomed,
having no golden colour.

Desequilibrio

A poco el agua se hiela
¡y son diecisiete grados!
Las normas se han confundido,
parece que estoy temblando.

Parece la luz siniestra
de un país escandinavo,
sólo porque un nubarrón
se enrosca en el Corcovado.

Parece cobrar la tierra
todo su horror planetario,
sólo porque un mar plomizo
la suspende en el espacio.

Parece que está la ira
todas sus viras vibrando,
sólo porque el sonreír
de pronto se te ha cansado.

Y aunque resuello, parece
que me ahogo y que me acabo;
parece que, aunque te sigo,
ni me acerco ni adelanto.

Columpiábase la vida
en otro nivel más alto,
y era todo como vértigo
y anhelo en el aire vago.

¿Si era la tempestad
o era tu rostro nublado?
¿Si eras tú que sacudía
la tralla de los relámpagos?

Tan muelle, tan regalón
y tan mal acostumbrado,
el paisaje era polar
porque no era dorado.

You were like bitter almonds,
your aftertaste was bitter,
accordingly dissolving
your sugar-coated flavour.

(An evening and a woman
must have been yielding to me,
uneasy, shy, and solemn,
being ecstasy's epitome.)

– And with the fall of darkness,
when everything was silent,
what was it broke the silence?
The laughter of the drizzle.

Lucky Charms

"Take this and give it to no-one,
It's a secret all of your own
let it hang on your bosom
for there it has to shine.

"From Mozambique and Angola
mysteries came to Brazil,
seven mysteries of hand-work
which I shall now reveal.

"This raceme is the wood
of the vine-stock of Salvador:
have a thought for the blood
in the earth's hidden store.

"They say this rattling pod
with laughter drives out sadness,
for inside it is the seed
of the tree of madness.

"This is the jacaranda,
wood of long life and years:

Y tú como las almendras
dejabas el gusto amargo,
conforme se disolvía
tu sabor garapiñado.

(Será que tarde y mujer
se me iban entregando,
serias, azoradas, tímidas,
que así es el gozo apurado.)

– Y cuando vino la noche,
que todo estaba callado,
no estaba callado todo
porque reía el orvallo.

Bereguendén

"Toma y no le des a nadie,
que es secreto para ti,
y cuélgatelo en el pecho
donde tiene que lucir.

"De Mozambique y de Angola
llegaron hasta el Brasil
siete misterios labrados
que te voy a descubrir.

"De la cepa bahiana
este racimo es la vid:
acuérdate de la sangre
que la tierra esconde en sí.

"Dicen que aquel cascabel
hace a los tristes reír:
porque la semilla guarda
del árbol del frenesí.

"Éste es el jacarandá,
palo de mucho vivir:

the race of our sisters and brothers
unceasingly endures.

"The thumb through the fist is a latch
no-one knows how to open:
it closes the body to witchcraft
and to the subtlest poison.

"You must obtain your water
never having to plead:
with a bowl of hazel
you will find what you need.

"Here are the sun and moon:
these and Solomon's seal
and Don Pedro's gold-and-silver
are riches and sleeping well.

"The bursting pomegranate
that grows up at your door,
if with this your life began, it's
with this you shall expire.

"You've heard all that matters:
I'll say it one more time.
Then, to be sure you know it,
you say it to me in turn."

– The crone gave her these counsels:
she listened without a word.
I listened as well, unsettled,
couldn't laugh at what I heard.

la raza de los morenos
nunca puede tener fin.

"La mano en figa es cerrojo
que nadie lo sabe abrir:
cierra el cuerpo al sortilegio
y al veneno más sutil.

"El agua se te ha de dar
sin tenerla que pedir:
el cuenco de la avellana
te lo hace saber así.

"Los sellos de Salomón
y el sol y la luna y
las monedas de Don Pedro,
son riqueza y buen dormir.

"La granada reventada
que creció en tu puerta, si
nació contigo es señal
que contigo ha de morir.

"Ya oíste lo que te importa:
te lo voy a repetir.
Luego que ya te lo sepas,
tú me lo dices a mí."

– La vieja la aconsejaba,
y ella la escuchaba sin
chistar. Y yo, caviloso,
y sin poderme reír.

Sound and Echo

Christmas in tavern and homestead,
music, masks at the ball:
Mexico's Good Night of vigil,
Rio in Carnival.

There, the rafts in the gardens,
rowers, the little guitar,
great round hats that are sunshades
tracking the course of the star;

here, in the dance on tiptoe,
pivoting wooden sole,
and the anklets are cobras
snaking up from the heel.

Brazil's inlaid Alagoa
coconut, craft of the dirk;
walnuts, San Juan de Ulúa,
Mexican openwork.

Bare-breast mulatas of Chiapas
reap on the Mangue coast
bounty of avocados,
sapodillas too, Nature's best;

and I in a dream am seeing
pirogues along the Canal,
black tresses studded with roses,
wrapped in a handsome shawl.

Glimmering of two visions
that the crystal reflects and frees;
on my loom interlacing,
two skeins, two tapestries.

Where am I, can't remember,
with any certainty:
lost in the street, I wander,
a shipwreck in the great city.

El ruido y el eco

Rondas de máscara y música,
posadas de Navidad:
México, su Noche-Buena,
y Río, su Carnaval.

Allá, balsas de jardines,
vihuelas para remar,
y sombreros quitasoles
que siguen el curso astral.

Acá, en la punta del pie
gira el tamanco al danzar,
y las ajorcas son "cobras"
que suben del calcañar.

Si aquí el coco de Alagoas
labrado en encaje, allá
la nuez de San Juan de Ulúa,
calada con el puñal.

Dan las mulatas del Mangue,
desnudas a la mitad,
de ahuacate y zapotillo
la cosecha natural.

¡Y yo, soñando que veo
piraguas por el Canal,
rebozos y trenzas negras
en que va injerto el rosal!

Entreluz de dos visiones
refleja y libra el cristal;
dos madejas enlazadas
se tuercen en mi telar.

¿Dónde estoy, que no lo acierto,
que no me puedo acordar?
Ando perdido en la calle,
náufrago de la ciudad.

May the patron saints protect me
in such a great confusion:
protect me La Guadalupe,
protect me St Sebastian.

Protect me! – but do they help me?
My delirium should be eased:
I flee it and I pursue it,
it has to be appeased.

– Sung by a simple fellow
connecting by ample toil
the Southern Cross and the Star
with the Eagle and the Nopal.

Botanic Garden

King John the Sixth came bearing
a palm tree, palm of Cuba.
To kiss its feet in homage
The plants are all assembling.

The guards are Indian pikemen,
plumed helmets high as heaven:
the guards mark out the alley
that runs between the sedges.

High-born bamboos are flaunting
fine lace of samambaya.
The democratic cacti
trade touches with their prickles.

A water-lily carpet
lies covering the water:
the water shakes in terror,
knowing that it is naked.

The plumage of the parrot
permutes through many colours:

Válganme los dos patronos
en tanta perplejidad:
válgame la Guadalupe,
válgame San Sebastián.

Válganme. – Pero no quieren
mi delirio disipar,
que lo huyo y lo persigo,
y lo tengo que saciar.

– Esto cantaba un sencillo,
afanándose en juntar
la Estrella y la Cruz del Sur
y el Águila y el Nopal.

El botánico

El Rey Don Juan VI trajo
una palmera de Cuba.
Para besarle los pies
todas las plantas se juntan.

De los indianos lanceros
– al cielo el morrión de pluma –
las guardias trazan la senda,
la senda corre entre juncias.

Las randas de samambaya
levanta un bambú de alcurnia.
Los democráticos cactos
se entre-palpan con las púas.

Yace un tapiz de nenúfares
sobre el agua que se oculta,
pero el agua se estremece
sabiendo que está desnuda.

La hoja del papagayo
de tantos colores muda,

it flames in pomegranate
or weeps in pure snow-whiteness.

Camphor is born a noble,
rue is a countrywoman.
Breathe perfumes, don Alonso:
Aldonza, you are glowing.

Victoria Regia: cradle
of bronze to give to Moses.
There on the pond, a salver,
a white bloom, all of vapour.

Others, of latin language,
like costly acts of worship:
girls of a hundred surnames,
unable to pronounce them.

Tail of a royal peacock,
the flora stands resplendent:
light moves among the goblets
as daylight shifts her posture.

Reclining on the mountain,
high-placed, a noble lady,
with all her loyal household
the night awaits and listens.

The birds call out the password
from one point to another.
The grilles are shut and bolted.
Nothing is left but moonlight.

que ya flamea en granates
o llora de nieve pura.

Un hidalgo, el alcanfor;
una villana, la ruda:
Don Alonso exhala esencias,
y Aldonza Lorenzo suda.

Victoria Regia, de bronce
ofrece a Moisés la cuna:
bandeja sobre el estanque,
blanca flor toda de bruma.

Y hay otras, latiniparlas
como las preciosas cultas,
hijas de cien apellidos
que ni ellas mismas pronuncian.

Cola de pavo real,
toda la flora fulgura,
y la luz cambia de cálices
como el día de postura.

De codos en la montaña,
señora desde su altura,
con su escuadrón de furrieles
la noche espera y escucha.

– Los pájaros la consigna
gritaban de punta a punta.
Ya se han cerrado las rejas.
Ya sólo queda la luna.

Goodbye

My thanks, Rio, my thanks –
aloneness and company,
from all torment a haven,
from hardship, a relief.

And because I never thought,
and because I did not know
the world has a borderland
where the world is far away;

a zone in which the heart
is healed of every thorn,
and grief enfolds itself,
giving itself a caress;

and tears dissolve away
with the warmth of the view,
and I say nothing of memories,
which no-one can assuage.

Carrying happily on
with surfeit of centuries,
history chafes your face,
your hopes are its cooling fan.

You play appearances
like a canny creole woman
who puts her trust in Time
more than in amulets.

Enamels of butterflies
so frivolous and fine
on seven furtive swords
suffice to scratch the soil.

You likewise with the charm
of your light courtesy
clap all our wills in chains,
fetter them, and forgive.

Envío

Mercedes, Río, mercedes, –
soledad y compañía,
de toda angustia remanso,
de toda tormento orilla.

Y porque nunca pensé,
y porque yo no sabía
que hay en el mundo una raya
donde el mundo es lejanía;

una zona en que las sienes
se curan de las espinas,
y el mismo dolor se envuelve
y a sí propio se acaricia;

las lágrimas se deshacen
con el calor de la vista,
y no digo las memorias,
que ésas nadie les alivia.

En feliz continuación,
de tantos siglos henchida,
quema la historia tu cara,
tu esperanza la abanica.

Y juegas las apariencias
como la criolla sabida
que, más que en sus amuletos,
en el tiempo se confía.

Esmaltes de mariposa,
cosa tan liviana y fina,
bastan a rasgar el sol
en siete espadas furtivas.

Así tú, con el encanto
de tu leve cortesía,
encadenas voluntades
y las perdonas cautivas.

Your streets run down to sea,
charged with a living flesh;
and in your angel-waters
you are seeded, and baptised.

You noble, ample vessel,
St Elmo at your mast,
beat the shoals, miss the whirlpools,
be glorified at last.

...I'm at the end of my song,
it belongs less to me than to you,
and, Rio de Janeiro, I couldn't
tell you what I wanted to.

Tus calles se van al mar
cargadas de carne viva,
y en tus angélicas aguas
te siembras y te bautizas.

Ancha, generosa nave,
con San Telmo, a la vigía,
sirtes venzas, salves vórtices,
salgas a la gloria un día.

– Llego al fin de mi canción,
que es ya más tuya que mía,
y no pude, Río de Enero,
decirte lo que quería.

Lightning Source UK Ltd.
Milton Keynes UK
UKHW011845160920
370012UK00001B/7